LETTRE

À

S. A. LE KHÉDIVE

SUR LA

Réforme Judiciaire

APRÈS

TREIZE ANNÉES DE FONCTIONNEMENT

PAR

P.-V. ZUCCHINETTI,

DOCTEUR EN DROIT

LE CAIRE

IMPRIMERIE DE L'AUTEUR

———

1889

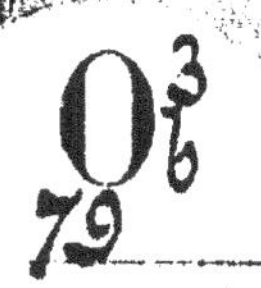

LETTRE A S. A. LE KHÉDIVE

LETTRE

À

S. A. LE KHÉDIVE

SUR LA

Réforme Judiciaire

APRÈS

TREIZE ANNÉES DE FONCTIONNEMENT

PAR

P.-V. ZUCCHINETTI,

DOCTEUR EN DROIT

LE CAIRE

IMPRIMERIE DE L'AUTEUR

1889

HISTOIRE ÉDIFIANTE

DU

FONCTIONNEMENT DES TRIBUNAUX MIXTES EN ÉGYPTE

DÉDIÉE

AUX ÉMINENTS MAGISTRATS

COMPOSANT

LE CONSEIL PRIVÉ DE S. M. LA REINE D'ANGLETERRE

ALTESSE,

Lorsqu'on a introduit la Réforme judiciaire en Egypte, au mois d'Octobre 1875, on s'était proposé de doter le pays d'une bonne justice, avec des lois uniformes, une Procédure rémunératrice, expéditive, facile et à la portée de tous.

Tel était le but, que l'on s'était proposé d'atteindre ; comme aussi tel devait être l'esprit des Codes Civil, Commercial, de Procédure Civile, du Règlement d'Organisation Judiciaire, du Tarif, et du Règlement Général Judiciaire.

Cette justice devait être appliquée par des Magistrats savants, éclairés, proposés et garantis par les Puissances : des appointements exceptionnels avaient été alloués à ces Magistrats, qui devaient en outre jouir du privilège de l'inamovibilité.

Un Parquet, nommé, et dépendant directement du Ministère de la Justice, a été placé à côté des Magistrats.

Des Fonctionnaires, des Officiers et des Agents en nombre illimité leur ont été adjoints, avec faculté entière d'en choisir le nombre nécessaire pour les besoins du service public.

De cet exposé de choses, on peut raisonnablement conclure : que les habitants de l'Egypte (Indigènes et Etrangers) étaient en droit d'attendre une justice convenable, ou tout au moins satisfaisante, qui aurait fait oublier à jamais l'ère honteuse des injustices criardes, et des abus du passé.

Or, qu'est-il arrivé ?

En fait les injustices les abus de toutes sortes, et le désordre sont demeurés en permanence. Bien que

la Réforme Judiciaire, depuis l'origine de son fonctionnement, n'ait jamais répondu à l'attente du public
et satisfait à ses besoins ; cependant, comme par un
accord tacite tout le monde se taisait, pénétré du
profond respect inspiré par cette grande Institution
internationale. Chacun se disait qu'il fallait prendre
patience : qu'avec des codes nouveaux dans le pays,
et des magistrats ignorants de ce pays, de ses habitants, de ses mœurs et de ses coutumes, on ne pouvait
guère attendre du premier coup la perfection complète.

On pensait qu'il fallait attendre, que l'expérience de
la première période quinquennale fût faite, et que,
forts de cette expérience, les Magistrats, à son expiration, ne manqueraient pas de déployer tout leur
zèle, et leur activité à remédier aux défauts, qui auraient été découverts, et qu'ils proposeraient certai-
nement alors au Gouvernement Égyptien, et aux Puissances les lois et les modifications nécessaires au
bon fonctionnement de la justice.

La première période quinquennale est expirée sans
que les Magistrats, ni le Parquet se soient jamais sou-
ciés de préparer, et d'indiquer ces modifications, et les
réformes à apporter tant dans les Codes et Règlements, que dans l'organisation des services et du
personnel de la Cour et des Tribunaux.

Deux périodes se sont encore jusqu'à ce jour succédé
à celle-là, et, quoique la presse se soit déjà, à maintes reprises, emparée de la question, et ait signalé les
nombreuses défectuosités à corriger ; cependant,
jusqu'à ce jour, personne encore : ni les Magistrats,
ni le Parquet, ni le Ministère de la Justice ne se sont
émus de cette situation ; si bien que tout le monde, à
cette heure, est fatigué des Tribunaux Mixtes, et qu'il
devient urgent (d'une urgence absolue) d'introduire
des modifications radicales, si l'on veut établir et
prouver, qu'en Égypte, la justice n'est pas un vain
mot, mais qu'elle est vraiment l'expression de la
vérité.

Veuillez donc, Monseigneur, me permettre de vous

faire, en très peu de mots, l'historique rapide de cette Institution des Tribunaux de la Réforme, et de son fonctionnement. Je vous prouverai par là, ce que j'ai avancé plus haut, et qui, ainsi que je l'ai énoncé, n'est, après tout, que l'écho de plusieurs brochures et journaux d'Égypte, et de l'Europe.

Je parlerai d'abord des lois civiles et commerciales existantes, de leur valeur intrinsèque, puis de leurs défauts, et des modifications à y apporter. Je traiterai ensuite de l'Organisation Judiciaire et de la Procédure, c'est-à-dire des règles édictées pour mettre à exécution, ou appliquer, aux cas individuels des plaideurs, les Codes Civil et de Commerce. Enfin, j'exposerai les défauts du Règlement Général Judiciaire et du Tarif, et je dresserai le Bilan financier de ces Tribunaux pour faire savoir combien a coûté chaque jugement, et chaque arrêt rendus sous leur juridiction.

Dans un autre chapitre, et, en dernier lieu, je noterai la jurisprudence, qui a été créée, et les erreurs qui ont été commises pour avoir négligé, ou méprisé de s'en tenir au texte de la loi, ou pour l'avoir interprétée, et appliquée contrairement à son esprit, et à l'équité. Enfin, ces matériaux réunis, j'en abandonne par avance la conclusion à qui de droit.

CODE CIVIL et COMMERCIAL.

A l'époque de l'institution des Tribunaux de la Réforme, et cet état de choses s'est conservé jusqu'à ce jour, l'Egypte était peuplée d'étrangers de toutes nationalités : le fond de la population, les Indigènes proprement dits, se composait : de Musulmans, de Cophtes, et de Juifs, qui, sauf en religion, avaient tous à peu près les mêmes mœurs, et les mêmes lois.

Les étrangers étaient régis par les lois spéciales de leur pays d'origine, aux termes des capitulations existantes, avec l'application du principe : « ACTOR SEQUI- » TUR FORUM REI », ce qui signifie, pour les profanes, que le demandeur devait assigner son adversaire par devant l'autorité indigène, ou consulaire, dont il relevait.

Ce système occasionnait dans la pratique des difficultés et une confusion incessantes, par suite de la diversité des langues employées, et, surtout, des lois qui étaient appliquées. A ce point de vue donc, une réforme judiciaire s'imposait pour concilier les lois européennes avec les lois du Pays, dont la base était la « Chariáh » ou loi sacrée de Mahomet, contenue dans le Coran, et appliquée souverainement par le Cadi (juge des Musulmans).

Le Magnanime et Sage Khédive Ismaïl Pacha décréta l'introduction des Codes Civil et Commercial mixtes, qui devaient constituer la fusion des lois indigènes avec les lois étrangères, avec empire des lois européennes sur le Coran. Cette compilation eût été des plus faciles et parfaites : si on avait choisi le meilleur Code Civil et Commercial européen, qui est le Belge ou l'Italien : on aurait, bien entendu, introduit dans ce Code les modifications et corrections nécessaires pour l'adapter, avec les prescriptions essentielles de la Loi Musulmane, qui est la loi primordiale du Pays.

Un jurisconsulte européen, un cadi, et un aalem (juriste musulman), avec un interprète, qui leur aurait été adjoint, étaient suffisants pour modifier le Code européen choisi, et y introduire les modifications requises par la Loi Musulmane.

Au contraire, qu'a-t-on fait ? On a dépensé un million de francs.

On a chargé un avocat de compiler les Codes Mixtes. Cet avocat a commis, à mon humble avis, trois erreurs.

En premier lieu, il a choisi parmi tous les codes en vigueur en Europe, le Code Français, et il a mutilé ce code de manière à le rendre insuffisant, impropre à une bonne justice ; enfin, et, surtout, confus et obscur : ces défauts sont reconnus, du reste, et déclarés par l'art. 11 du Code Civil (Voir à ce code.).

De plus, il n'y a pas introduit toutes les modifications, que nécessitait la loi territoriale de l'Égypte ; car, à la rigueur, cette loi, elle-même tout entière, eût dû en faire partie.

Enfin, il a omis d'y insérer plusieurs matières essentielles, comme, par exemple, la prohibition d'acheter des obligations intervenues entre indigènes, sans l'acceptation du débiteur cédé ; puisque aux termes de la Loi Musulmane, toute cession constitue une novation, qui est valable seulement dans le cas où, elle est reconnue et acceptée par le débiteur cédé.

Je ne terminerais pas, si je voulais noter toutes ses imperfections.

Pour en finir, j'ose dire que le plus grand des griefs réside encore dans cet article 11 du Code Civil précité, qui se trouve reproduit par l'art. 34 du Règlement d'Organisation Judiciaire.

Cet article, en effet, permet aux juges de recourir au droit naturel, et aux règles de l'équité toutes les fois, que la loi demeure muette ou obscure. Or, le droit naturel n'est pas autre chose, que l'équité; ce droit n'est pas codifié, mais il est l'expression de la conscience de tout individu. En partant de ce principe, il résulte donc, que le droit naturel du voleur, c'est le vol; celui du meurtrier, l'assassinat, et qu'un escroc ne connaît d'autres règles, que l'escroquerie.

Cet article donc justifie (sans vouloir toutefois faire aucun rapprochement dans les espèces) toutes les erreurs du juge, et, disons aussi le mot, tous ses caprices.

En effet un juge bigot, recourant aux lumières de sa conscience, ne pourra jamais donner tort à un bigot comme lui, et un juge franc-maçon, abandonné à sa seule conscience, et à son serment franc-maçonnique, ne condamnera pas un autre franc-maçon, son frère. Il faudrait parcourir toute la jurisprudence des Tribunaux, et de la Cour, pour vérifier si jamais n'a été mise en pratique cette théorie, et, spécialement, dans les cas de double jurisprudence.

A mon avis donc, cet article 11 eût dû être ainsi conçu : « En cas de silence, d'insuffisance ou d'obscurité de la loi, le juge devra se conformer au droit et à la jurisprudence européenne de la nation dont le code a été choisi, s'il s'agit d'interpréter ou d'appliquer un article, ou principe de droit européen, et au droit ou jurisprudence musulmane, si la question est du droit musulman, et qu'il faille recourir à une maxime musulmane.

J'ai dit que le Code Français a été pris comme modèle des Codes Mixtes, je dois m'expliquer, et dire en quoi consiste ce code. Il est la reproduction du Code Napoléon, qui a eu la sublime idée de rassembler et de codifier la sagesse du Droit Romain, en l'alliant avec les coutumes, et les lois françaises de son époque.

Ce code a eu le grand mérite de paraître le premier en Europe, et d'avoir réalisé des progrès immenses dans la législation de cette époque ; mais, depuis, la société a marché au point, que ce code aurait aujourd'hui besoin de nombreuses corrections, et que les codes de certaines autres nations, qui sont plus récents, et qui sont le résultat des dernières études philosophiques et sociales, lui sont de beaucoup supérieurs, étant plus perfectionnés, et répondant mieux aux besoins de la civilisation actuelle. L'expérience a constaté, et de savants jurisconsultes ont démontré, que la loi ne doit jamais donner aux juges, chargés de l'appliquer, aucun pouvoir en dehors de celui de faire cette application, suivant les cas posés, et les questions soumises à leur appréciation par les parties. Le juge, en d'autres termes, doit juger — SICUT ALLIGATA ET PROBATA — c'est-à-dire aux termes des demandes proposées par les parties et, suivant les preuves existantes au procès, en appliquant rigoureusement la loi sur ces données.

Plusieurs articles des Codes Mixtes donnent un pouvoir plus ou moins discrétionnaire aux juges, qui interprètent ces articles à leur façon, et se sont ainsi arrogés un pouvoir absolu, arbitraire, au-dessus des lois, ce qui a été la cause de nombreux abus de pouvoir, comme on pourrait le constater très facilement par une enquête sommaire, en interrogeant les avocats, les employés des Tribunaux, et même nombre de justiciables, qui, si une pareille enquête était jamais ouverte, viendraient d'eux-mêmes, spontanément, déclarer les griefs qui sont à leur connaissance.

Les procès-verbaux d'audience, les ordonnances sur recours, et la Jurisprudence pourraient également servir à justifier cette affirmation. Dans l'exposé de Jurisprudence, j'étudierai quelques-unes des erreurs commises, par suite d'une interprétation arbitraire des Codes Civil et Commercial.

RÈGLEMENT D'ORGANISATION JUDICIAIRE

Les Codes Mixtes sont précédés du Règlement d'Organisation Judiciaire, qui comprend :

Les règles de la Juridiction en matière civile et commerciale, savoir : qu'il y aura une Cour d'Appel ayant son siége à Alexandrie, et que les arrêts y seront rendus par huit conseillers, dont cinq étrangers, et trois indigènes, présidés par un vice-président étranger.

Il ordonne que les Tribunaux de Première Instance seront au nombre de trois, et que les jugements seront prononcés en matière civile par cinq juges, dont trois étrangers parmi lesquels sera choisi le Vice-Président, faisant fonctions de Président ; et que la Chambre Commerciale comptera, en sus, deux juges assesseurs commerçants de plus, dont un indigène et un étranger.

Le Règlement admet un Parquet, à la tête duquel serait placé un Procureur Général, proposé et choisi par une nation autre que celles qui ont un Conseiller à la Cour.

Cet article n'a pas été observé ; car, un an après l'ouverture des Tribunaux de la Réforme, on a nommé, comme Procureur Général, un Français, lequel a conservé sa charge jusqu'à ce jour. De telle sorte, que la France, au mépris des conventions, s'est trouvée avec trois magistrats, qui siégent à la Cour, tandis que les autres Grandes Puissances n'ont jamais eu qu'un seul magistrat.

Y a-t-il une raison, qui justifie cette préférence ?

Ce règlement n'a pas sa raison d'être, ses dispositions devraient être incorporées dans le Code de Procédure.

Ce Règlement, composé de quarante articles, a, en outre, plusieurs défauts :

1° Il ne fait pas mention du Président de la Cour et des Tribunaux : il ne dit pas quels sont les pouvoirs de ces Présidents ni parmi qui ils doivent être choisis ;

2° Il ordonne qu'un des trois Tribunaux doit siéger à Zagazig, chef-lieu de Province, tandis qu'aucun Tribunal Mixte n'a jamais fonctionné dans cette localité. Ce fait d'avoir fixé le siége d'un Tribunal dans une localité, où il ne pouvait pas fonctionner, suffit à lui seul à démontrer la sagesse de celui qui a édicté ce règlement ;

3° Les 5 premiers articles sur la compétence sont inutiles, puisqu'ils sont répétés littéralement dans le Code Civil. En outre, l'article 9 est incompréhensible ; car, d'abord, il énonce qu'il faut qu'une des parties soit d'une nationalité différente de l'autre, et, à la fin, il admet la compétence sur les personnes de la même nationalité, lorsqu'il s'agit d'actions réelles immobilières ;

Pour une même nationalité, doit-t-on comprendre les indigènes entre eux ? Cela n'est pas dit ;

Les auteurs ne sont pas d'accord sur les actions réelles immobilières, et par conséquent, il résulte de la confusion du seul fait de n'avoir pas spécifié ces actions ;

4° L'art. 19 est composé de trois propositions contraires : la première établit l'inamovibilité des juges ; la deuxième dit « L'INAMOVIBILITÉ NE SUBSISTERA QUE PENDANT LA PÉRIODE QUINQUENNALE » ; la troisième dit tout le contraire, savoir : « L'INAMOVIBILITÉ NE SERA DÉFINITIVEMENT ADMISE QU'APRÈS CE DÉLAI D'ÉPREUVE »;

5° L'article 30 admet le droit de récusation péremptoire des juges, tandis qu'on n'a jamais permis la récusation d'un Juge, et le Règlement Général Judiciaire, à l'article 228, permet la récusation d'un Conseiller, ce qui n'est pas permis par la loi, qui parle seulement de Juge et non de Conseiller.

Pourquoi n'a-t-on pas établi les règles pour les actions possessoires ? Ni le Code de Procédure, ni le Règlement d'Organisation Judiciaire, ni le Code Civil ne font mention de cette matière très-importante.

Je me réserve d'indiquer les erreurs d'interprétation, d'application et d'inobservation du Règlement d'Organisation plus tard, lorsque mon discours tombera sur les erreurs des Magistrats et du Parquet, ainsi que sur le Règlement Général Judiciaire.

CODE DE PROCÉDURE

On dit généralement que : les lois de Procédure sont le frein des parties et des Juges.

Les Codes Civil et Commercial affirment le droit des parties, tandis que le Code de Pocédure doit indiquer la manière de faire valoir ces droits, c'est-à-dire doit exposer les devoirs des parties et du Juge nécessaires pour qu'une prompte et impartiale justice soit faite.

Le Code de Procédure doit contenir les règles, qui apprennent aux parties la manière et le délai par lesquels chacune d'entre elles doit formuler sa demande, sa réponse ou bien son exception, et proposer la preuve de leurs conventions, ou affirmations avec leurs conclusions.

Le Code de Procédure doit limiter les pouvoirs des Juges, à pousser promptement la marche de l'affaire, sans que, toutefois, les accords des parties en soient lésés ; et à prononcer des jugements basés exclusivement sur les demandes et exceptions des parties, et sur les preuves par elles fournies, sans y ajouter ni retrancher quoi que ce soit ; et en faisant l'application des lois invoquées par les parties.

Il faut donc, en d'autres termes, et en un mot, ainsi que nous l'avons déjà annoncé, que le Juge se prononce d'après les demandes et les preuves, et non d'après

son propre sentiment. (JUDICARE DEBET SICUT ALLI-
GATA ET PROBATA, et non EX INFORMATA CONSCIENTIA).
Car, comme nous l'avons dit plus haut, la conscience
ou le sentiment individuel varient suivant chaque personne, et la même question jugée par vingt juges divers serait tranchée de vingt manières différentes, si
on s'en rapportait à la conscience et aux sentiments
personnels des vingt juges différents. Voici donc les
règles sur lesquelles un bon Code de Procédure doit
être basé.

Le Code de Procédure Mixte n'a pas ces principes
pour base ; tout au contraire, il donne aux Juges des
pouvoirs excessifs, qui rendent le Juge supérieur à la
loi, d'où par suite il s'est imposé aux parties, et a
substitué sa conscience, ou mieux son caprice à la loi
sans jamais être lié, et il n'est pas retenu par aucune
jurisprudence.

Arrivé à ce degré, le Juge, comme Saturne, dévore
et anéantit ses propres enfants, qui sont les jugements,
qu'il a pu rendre précédemment sur des matières si-
milaires, et qui constituent la Jurisprudence proprement dite.

Voilà la condition dans laquelle se trouvent placés
les Magistrats de la Réforme.

Dans ces conditions donc, il est inutile de tenter
d'apporter des corrections au Code de Procédure, et
il vaut mieux en choisir un autre plus parfait, et plus
conforme aux habitudes de l'Égypte.

Deux systèmes se trouvent en présence : un alle-
mand, ou autrichien, et l'autre latin parfaitement développé dans le Code de Procédure belge, italien et
suisse. Il faut une Commission pour choisir le meilleur
système pour l'Égypte, et y introduire les règles des
mœurs du Pays.

Je me limiterai à indiquer quelques-uns des plus
graves défauts du Code de Procédure Mixte.

Je commencerai par l'article 2 de ce Code qui dit :
que les règles, relatives à la profession d'avocat, sont
déterminées par la Loi d'Organisation Judiciaire.

D'abord il n'existe pas une loi, mais seulement un

Réglement d'Organisation qui, à l'article 17 dit : que seuls, les avocats diplômés seront admis devant la Cour ; mais il n'existe pas de règles relatives à la profession d'avocat.

Les règles relatives aux avocats ont été édictées par la Cour, qui s'est arrogée le pouvoir de les bâillonner, et de les obliger à se taire quand ils déplaisent, sous peine de voir leur inscription rayée du Tableau. Je reviendrai sur ce chapitre quand je parlerai du Réglement Général Judiciaire.

Il existe une confusion, ou plutôt une anomalie, dans les art. 11 et 42 du même Code. (Voir ces articles.)

Il en est ainsi de même pour l'appel : en effet, l'appel est admis en matière sommaire de P. T. 800 à 2,000 (art. 28 Proc.); mais l'appel est refusé de P. T. 2,000 jusqu'à P. T. 8,000 (art. 390 Proc.) L'appel est toujours porté devant la Cour. Pourquoi dénier l'appel pour une somme inférieure à la somme de P. T. 8,000, qui cependant forme la fortune d'un petit commerçant, et pourquoi ce petit commerçant ne pourrait-il jamais jouir du bénéfice de l'appel ?

L'article 43 est vexatoire, et cause maints retards et de nombreux inconvénients, spécialement lorsqu'il s'agit d'actes d'oppositions ou d'appel, qui, après, ne sont pas enrôlés, attendu qu'ils ont été fait exclusivement pour gagner du temps et un délai de grâce, qui est défendu par la loi

Lorsqu'on présente l'acte à l'huissier pour le signifier, il faudrait faire déposer une somme suffisante pour couvrir tous les frais jusqu'au jugement définitif, et charger l'huissier de consigner l'original au greffe, au lieu de le restituer à la partie, ce qui oblige cette dernière à courir à la caisse pour l'enrôler. (Cette théorie est justifiée par le principe : CAUTIO JUDICATUM SOLVI.)

Les articles 44 et 48 (Proc.) admettent les mandataires de profession. De quel droit la Cour les a-t-elle supprimés, par le dernier Réglement Général Judiciaire? Cet argument sera développé en parlant dudit Réglement.

Dans le Code de Procédure existe le chapitre V de

l'Instruction par écrit, qui a été complétement oublié dans la pratique par nos Magistrats ; pourraient-ils indiquer le pourquoi ?

L'article 87 recommande que les jugements soient prononcés sur le champ. Nos Magistrats renvoient à huitaine même les jugements par défaut de comparaître, et il est arrivé très-souvent que : plusieurs mois se sont écoulés avant le prononcé d'un jugement, à cause... sans cause légitime. Il suffit de faire une inspection au greffe pour se convaincre de ce fait.

L'article 98 de Procédure ordonne, sous peine de nullité, que le juge rédacteur d'un jugement doit avoir assisté à l'audience de la plaidoirie.

Le jugement des référés en date du 13 Novembre 1886, sub n° 2,819, année XI du Rôle Général du Tribunal du Caire, a été rédigé et signé par un Juge, qui n'était pas délégué aux référés, qui n'a pas entendu les plaidoiries, et qui a néanmoins jugé le fond, c'est-à-dire a exproprié un légitime possesseur de sa propriété sans qu'aucun jugement ait été précédemment rendu contre lui.

La Cour, par arrêt en date du 11 avril 1888, n° 250, XIIe année judiciaire, a déclaré que cette procédure était régulière, et qu'avec un jugement d'expropriation contre un débiteur on peut prendre possession de ce qui n'a pas été exproprié, et qui est possédé par un tiers propriétaire.

Il suffit de lire ces deux jugements, avec les conclusions prises par les parties, pour se faire une idée des Tribunaux Mixtes.

L'article 112 du Code de Procédure ordonne de délivrer les grosses, et les expéditions dans la huitaine de la demande. Il faut aller vérifier le registre des demandes pour se convaincre que jamais une copie n'a été délivrée dans la huitaine, mais presque toujours après deux ou trois semaines, et parfois après un ou deux mois ; de telle sorte que le débiteur avait le temps nécessaire de se débarrasser de ce qu'il avait, et de frustrer les poursuites de son créancier en détournant ses biens. En parlant du Tarif, je dirai les modifications qui sont nécessaires.

En faisant une enquête, les avocats et les anciens mandataires indiqueront des cas innombrables de ce fait, qui ont été la cause de la perte définitive de la créance, et, à ce propos, voici une jolie histoire :

Une personne voulait contracter un emprunt hypothécaire, et l'emprunteur voulait s'assurer de la situation hypothécaire des immeubles à engager : elle charge un avocat de s'enquérir de cette situation ; celui-ci demande à la date du 10 Mars 1886 le certificat hypothécaire de ces immeubles.

Il attendit tout le mois de Mars, et, au bout de ce temps, le certificat n'était pas encore délivré. L'emprunteur alors se retira, et l'avocat fut forcé d'aller avertir verbalement le Greffe que le certificat n'était plus nécessaire.

Après un an et sept mois, c'est-à-dire le 4 Octobre 1887, à la requête du greffier, on a signifié à l'avocat un commandement à payer, dans le délai de vingt-quatre heures, la somme de P. T. 195 pour coût du certificat précité, ainsi que les frais.

Le 15 Octobre 1887, l'huissier se présenta au domicile de l'avocat, pour procéder à la saisie de ses effets ; l'avocat demanda à aller en référé excipant :

1° Que le greffier n'a pas le droit de demander ordonnance, et que le Président est incompétent à délivrer cette ordonnance (art. 130 C. Proc.) ;

2° Que cette ordonnance est nulle aux termes de l'article 130 du Code de Procédure, faute d'assignation ;

3° Que cette somme était prescrite aux termes de l'article 271 du Code Civil (360 jours s'étaient écoulés);

4° Qu'on aurait dû offrir la copie du certificat dont on demandait le coût.

Le Président, M. Prunières, sans juger les questions posées, a tout bonnement ordonné à l'huissier de continuer la saisie, et cette singulière Justice a été telle que l'avocat, dont il s'agit, n'a pas pu même en appeler faute de jugement ou d'ordonnance contre lesquels il eût pu faire appel.

L'article 118 du Code de Procédure ordonne de condamner aux frais la partie qui succombe. Il faut observer que les frais sont toujours exclusivement anticipés par le demandeur, et que le défendeur n'a jamais aucun frais. Plusieurs jugements, quoique le défendeur succombe cependant, ont ordonné que les frais seraient compensés : ce qui veut dire, que chaque partie doit supporter les frais par elle déboursés. Mais, comme le défendeur n'a rien dépensé, ces jugements sont toujours profondément injustes ; car, en réalité, compenser les frais, c'est condamner le demandeur à tous les frais, et ces frais, bien souvent, sont supérieurs au montant du capital engagé. Par conséquent, pour exécuter ces jugements, il faut dépenser plus que la condamnation. Nous en avons un exemple dans le jugement sommaire du Caire, en date du 22 Octobre 1884, n° 2,658 du Rôle Général IX° année judiciaire.

Le Code de Procédure n'attribue pas d'honoraires aux avocats ; les jugements, qui les ont accordés, ont commis un abus de pouvoir. Il est nécessaire de remplir cette lacune par un Tarif des honoraires des avocats.

Tant le Code Civil que le Code de Procédure admettent le serment ; l'article 281 du Code Civil admet qu'une partie peut déférer le serment à l'autre ; quoique cet article s'exprime en termes vagues et indéterminés, cependant il faut comprendre qu'il s'agit du serment décisoire et supplétif.

L'article 288 du Code Civil dit que le Juge peut déférer le serment d'office pour établir la créance, ou la libération, lorsque la preuve par écrit n'est pas suffisante, donc il admet le serment supplétif.

L'article 181 du Code de Procédure admet le serment supplétif.

Le Code Civil Français, sur lequel le Code Mixte a

été calqué, à l'article 1357, admet deux espèces de serment : le décisoire (art. 1358) et celui d'office par le juge (art. 1366) lequel est de deux espèces : ou pour faire dépendre la décision de la cause, ou seulement pour déterminer le montant des condamnations.

Ce serment est celui dit simplement supplétoire par l'article 192 du Code de Procédure Mixte.

Il n'y a pas de raisons pour dire qu'en cette matière, le rédacteur du Code Mixte ait voulu exclure le serment supplétoire pour établir le montant des condamnations : dans tous les cas, même en supposant, que le Code soit silencieux, insuffisant ou obscur, il faudrait appliquer l'article 11 du Code Civil qui autorise cette introduction du serment supplétoire ou estimatif, car il est admis par toutes les législations européennes.

L'arrêt de la Cour en date du 13 décembre 1887, tome II° page 31, a admis que : LES LOIS DE LA RÉFORME ONT VOULU EXCLURE LA PREUVE AU MOYEN DU SERMENT ESTIMATIF.

En conséquence, le talent des Magistrats de la Réforme a trouvé plus juste d'admettre le caprice du Juge, pour fixer lui-même le montant des condamnations, au lieu d'introduire une institution reconnue par tous les Codes du monde.

L'article 186 du Code de Procédure donne le droit aux Juges de rejetter le serment, en alléguant qu'il n'est pas pertinent, sans dire les motifs, ni indiquer les faits qui sont impertinents.

Les époux Rinaldi, admis au bénéfice de l'Assistance Judiciaire, ont déféré le serment décisoire à Leurs Altesses les époux Hassan-Pacha, sur le fait de savoir s'ils avaient reçu la marchandise réclamée et s'ils l'avait payée et s'ils devaient encore un reste.

Le Tribunal a refusé ce serment, prétendant qu'il était inadmissible sans en indiquer les motifs (Voir jugement 24 Novembre 1885, n° 1,381 du Rôle Général).

Les archives sont pleines de jugements pareils.

Cet article devrait être modifié en permettant seulement au Juge le droit d'ordonner à la partie de changer la formule ; car IN JUDICIO CONTRAHITUR, et lorsqu'une partie a renoncé à tous ses moyens de preuve, pour se faire juger par la conscience de son adversaire, il est injuste de lui faire perdre aussi le bénéfice de ce moyen de preuve déjà contracté, sous le seul prétexte que les faits posés ne sont pas bien formulés. D'autant plus que les Tribunaux Mixtes admettent qu'une partie illettrée puisse se défendre en personne à l'audience.

Le serment est une preuve, qui touche directement la conscience et la religion de la personne, qui doit le prêter, et toutes les législations qui admettent le serment comme preuve, ordonnent qu'il doit être prêté dans le mode, et selon le rite prescrit par la religion de celui qui jure.

Les art. 194 et 195 du C. de Proc. Mixte, qui donnent droit au jurant de prêter le serment non religieux, mais seulement en levant la main droite, rend de nul effet le bénéfice de cette preuve privilégiée, et par conséquent cet article est immoral, et doit être modifié, en ordonnant de prêter le serment avec toutes les formalités de la religion du jurant, sans quoi il vaudrait beaucoup mieux supprimer la preuve par serment. Avec le serment religieux, ni le Juif, ni le Musulman ne prêteront jamais un faux serment.

L'article le plus arbitraire qui existe dans la Procédure Mixte est l'article 324, qui permet au Juge de déclarer fausse une pièce sans procédure, sans expertise et sans enquête, lorsqu'il existe un simple simulacre de preuve, qui est la conscience du Juge.

Ce pouvoir est énorme, d'autant plus qu'il n'existe ni dans la législation française, ni dans aucune autre législation européenne ; mais il a été inventé expressément et uniquement pour l'Egypte.

Un sage Magistrat ne doit jamais s'arroger un tel pouvoir arbitraire.

Les mémoires qui ont été publiés au sujet de l'affaire Spitaki contre Sursok Frères sont une preuve de ce que je viens d'affirmer. Il suffit de lire l'arrêt en date du 8 février 1888, Romano contre Habib-Bey

Salem pour se convaincre qu'il faut enlever aux Juges ce pouvoir, dont ils ont abusé.

Il suffit de dire que sept Juges de Première Instance ont déclaré, ce qui du reste a été demandé par les deux parties, qu'il fallait une expertise de vérification ; et les huit Conseillers de la Cour ont affirmé le contraire, pour avoir uniquement le plaisir d'annuler les jugements de Première Instance.

Si une enquête est jamais faite à ce propos, j'indiquerai des jugements qui feront rire.

La théorie des jugements par défaut (art. 373 et 374 du Code de Procédure) a été bouleversée par la Jurisprudence. (Pour s'en rendre compte, voyez le RÉPERTOIRE DE LA JURISPRUDENCE, par Honofrion Salomonidis, avocat, 1886, aux mots : JUGEMENTS, DÉFAUT et OPPOSITION.).

L'article 10 permet l'assignation d'une personne qui n'a pas de domicile connu en Égypte, et les articles 11-35 Code de Procédure permettent d'assigner un étranger, ou un individu domicilié à l'étranger. Il est permis d'obtenir un jugement contre eux par défaut ; mais, si ces personnes n'ont pas des biens connus en Égypte, ce jugement est de plein droit nul, après six mois, qui reste périmé par défaut d'exécution. (Article 389 C. de Proc.).

Donc, de deux choses l'une : ou cet article doit être supprimé ; car il permet une procédure sans résultat possible, ou il faut abolir le principe de la péremption, en tant qu'il s'agit d'un étranger fixé hors du territoire égyptien.

Pour le moment, je passe les nombreuses observations, que je devrais faire sur l'appel, la tierce opposition et la requête civile ; car j'en ferai, le cas échéant, une brochure à part.

Il y a, en effet, tout un volume à écrire sur ce sujet, tant la matière est riche et abondante.

Les articles 438 et 503 du Code de Procédure, qui

ordonnent à l'huissier de se faire délivrer un pouvoir avant de faire le commandement et de saisir, est inutile, car l'huissier est un officier public, qui tient son mandat de la loi. En pratique, presque jamais ce mandat n'a été donné.

L'opposition (art. 443 C. de Proc.) et l'appel (article 444 C. de Proc.) suspendent l'exécution, sauf si l'exécution provisoire est ordonnée.

En matière de commerce, l'exécution provisoire est de droit et par suite est toujours ordonnée (art. 448 C. de Proc.) ; en matière civile, elle ne l'est presque jamais (art. 450 C. de Proc.).

Lorsque c'est à tort que l'exécution provisoire a été ordonnée, ou refusée, le recours de la partie intéressée est porté (art. 446 C. de Proc.) par devant le Tribunal supérieur par citation, à trois jours francs, pour y être statué d'urgence.

En fait, dans la pratique, la Cour ne s'inquiète pas plus de l'urgence de cette affaire, que si c'était une affaire ordinaire ; en sorte qu'on a tout aussitôt fait d'interjetter appel au fond, parce que le résultat, en dernier lieu, est le même, sauf toutefois l'urgence, dont on ne tient aucun compte. Or, toute l'utilité de ces articles 445, 446 et 447 reposent sur cette question exclusive de l'urgence, si la Cour ne veut pas en tenir compte, autant vaut-il tout de suite abolir les susdits articles du Code de Procédure qui, en l'état des choses, constituent une pure plaisanterie, et un véritable leurre pour les parties.

Ce mauvais Code, sous d'autres rapports, jette dans la misère les petits propriétaires.

Lorsqu'un Européen loue une maison et par la suite ne paye plus ses loyers, il faut l'assigner : l'affaire traîne en première instance une année, et le propriétaire n'obtient bien souvent, au bout de ce temps-là, qu'un jugement par défaut, faute de conclure. Après la signification du jugement, le locataire fait opposition sans l'enrôler.

Le propriétaire, qui a déjà dépensé 200 à 300 fr. est obligé de faire un avenir et mettre l'opposition au rôle, ce qui veut dire faire autant d'autres frais qu'il a déjà fait. Cette fois l'affaire est renvoyée au rôle urgent, peut-être sera-t-elle décidée après six mois ?

Voilà un an et demi de loyers perdus, sans compter les frais.

Le propriétaire doit signifier le jugement sur opposition ; deux mois après, le locataire interjette appel, toujours sans l'enrôler.

Le propriétaire est encore forcé de donner avenir, et de débourser de nouveaux frais pour l'enrôler, et, après un an, peut-être, il gagnera son procès. Il a dépensé 2,400 francs, et il est obligé de faire de nouveaux frais pour signifier l'arrêt et faire la saisie. Pendant ce temps, le locataire a le plus souvent évacué la maison ; mais si, par impossible, il se laisse saisir, il peut faire deux ou trois revendications lesquelles doivent suivre le cours de la première procédure.

Finalement, le propriétaire a payé pendant tout le temps les impôts, sans retirer un para de ses loyers, et il a, en outre, dépensé mille ou deux mille cinq cents francs, en pure perte, selon le cas. Quel merveilleux résultat !... Surtout, si l'on réfléchit que les Tribunaux de la Réforme ont été établis en vue de réprimer ces honteuses et monstrueuses spoliations !...

Pourquoi la Cour et le Parquet n'ont-ils pas vu ces inconvénients, et n'ont-ils pas proposé les modifications nécessaires au Code de Procédure, afin de les éviter ?

Après qu'un plaignant a passé par des périodes interminables pour obtenir un premier jugement, puis un second sur opposition, et, enfin, un troisième sur arrêt de la Cour, il remet les pièces à l'huissier pour faire la saisie, si ce dernier en a le loisir; mais il ne peut alors assister l'huissier, pour lui donner les explications nécessaires, et lui faire voir ce qu'il doit saisir (art. 504 du C. de Proc.). Cet article est absurde, car il enlève complétement au créancier la garantie d'être payé sur les meubles de son débiteur.

Il est arrivé, bien souvent, qu'un huissier s'est retiré sans rien saisir, et qu'un second étant retourné pour la même saisie, a trouvé et saisi une quantité d'objets saisissables.

Je laisse à de plus clairvoyants le soin d'expliquer ce mystère.

Une enquête sérieuse est donc nécessaire pour éclaircir ces faits, et j'espère qu'on arrivera à reconnaître au saisissant le droit d'assister à la saisie, ce qui est toléré en Europe, sans qu'il en soit jamais résulté aucun inconvénient.

Les autres affaires suivent, en général, une marche analogue à l'exemple que j'ai cité pour les propriétaires.

Voilà la vraie raison pour laquelle, en Égypte, toutes les affaires ne marchent plus; tout le monde a peur de prêter de l'argent, même avec hypothèque ; car il est préférable de tout perdre que d'aller devant les Tribunaux de la Réforme.

Si l'on venait jamais à faire une enquête, on découvrirait, à ce sujet, des choses incroyables !!!

Presque tous les Codes européens permettent au créancier de saisir avec permission du Juge les biens meubles de son débiteur, qui menace de les vendre ou de s'enfuir.

Pourquoi n'a-t-on pas introduit, en Égypte, cette faculté, dans ce pays où tant de débiteurs sont de si mauvaise foi ? Dans ce pays que l'on peut quitter, avec tant de facilités, sans crainte d'être poursuivi par ses créanciers.

Sur la distribution par contribution tant mobilière qu'immobilière, il y a beaucoup d'observations à faire. Il faudrait réformer complétement cette matière, mais pour abréger, je n'exposerai que quelques faits concluants.

Par arrêt en date du 18 Novembre 1885, il a été distribué non seulement ce qui était saisi et déposé à la Caisse, mais encore des sommes qui n'y existaient pas, et qui pouvaient même ensuite devenir non exigibles, et ce, au préjudice des créanciers qui n'ont pu être colloqués, n'ayant pas été prévenus, ou n'ayant pas pu produire.

Par arrêt du 7 Décembre 1887, on a donné aux adjudicataires le droit de prendre possession et de jouir de la propriété des immeubles achetés, d'une part, et de l'intérêt du prix de l'achat, d'autre part.

La loi (art. 696 C. de Proc.) ordonne à l'adjudicataire de payer le prix sous peine de folle enchère.

Le Tribunal avait ordonné aux sieurs Jean Jaladon et Mohamed Mirza, adjudicataires, de déposer le prix.

La Cour a, par arrêt du 5 Décembre 1887, ordonné que les adjudicataires ne doivent pas déposer le prix.

Ces deux Jurisprudences ont complètement bouleversé toutes les lois des adjudications et des distributions.

Je parlerai de nouveau du Code de Procédure quand je traiterai de la Jurisprudence.

RÈGLEMENT GÉNÉRAL JUDICIAIRE

Le Règlement Général Judiciaire s'occupe de tout le personnel nécessaire au fonctionnement de la Réforme, de leurs droits, et de leurs devoirs, ainsi que du rôle que chaque personne doit remplir.

Il traite aussi de l'Assistance Judiciaire pour les indigents.

Je parlerai de cette matière en même temps que du Tarif et des avocats.

Il est évident que ce Règlement est la base ainsi que l'âme du fonctionnement de la Justice.

Le Gouvernement Egyptien a, par l'article 37 du Règlement d'Organisation, abandonné cette matière si délicate, aux lumières et à la conscience des Magistrats de la Cour, pour les rendre responsables en dernier ressort de leur justice.

Le premier Règlement que la Cour a fait, en 1877, était mauvais, et celui qu'elle a élaboré dix ans après, en 1887, est encore pire !

Il est nécessaire d'expliquer les erreurs qui existent dans le Règlement, et ceux qui ont été commis dans l'application et l'exécution de ce même Règlement.

D'abord, il y a un Président indigène.

Pourquoi les Magistrats de la Cour ont-ils accepté des Présidents indigènes, sans leur conférer ni vote, ni aucun droit, ou fonction ?

Ces Magistrats de premier rang, qui n'ont qu'une qualité dérisoire et ridicule, ne serait-il pas mieux de les supprimer, ne serait-ce que par simple économie ?

Les dépenses de leurs appointements ne sont-elles pas immorales pour le Gouvernement, qui est dans la gêne ? (Art. 20 du Règlement Gén. Judic.).

Les Vice-Présidents sont élus par les autres Magistrats (art. 8.). [IDEM].

Quelle garantie peut donner cette élection ?

Le Président ainsi nommé pourra-t-il accomplir les attributions qui lui sont conférées par l'article 21, et, spécialement la surveillance sur les autres Magistrats ? Évidemment non, car les Magistrats apportent tous leurs soins à nommer un collègue sans souci, qui laisse faire.

Je suis intimement convaincu qu'un grand nombre de fautes, qui ont été commises, ont eu pour origine cette manière de choisir le Président.

Ne serait-il pas mieux que ce choix fût fait par les parties intéressées, savoir : les habitants de l'Egypte, ou les justiciables et le Gouvernement ?

Le Gouvernement, par exemple, devrait choisir trois Magistrats pour chaque Présidence.

L'ordre des avocats, qui est le représentant légal des parties, auxquels doivent être adjoints MM. les Consuls résidant en Egypte, en feraient le choix, tous réunis en Assemblée Générale, le dernier jour de l'année judiciaire, au siége des Tribunaux et de la Cour.

Le premier Règlement a été fait par des personnes qui croyaient l'Egypte une terre barbare, primitive et presque inhabitable, et c'est sur cette idée qu'ils ont établi que les greffiers, les huissiers et les autres fonctionnaires, ainsi que les agents des Tribunaux devaient savoir une seule des trois langues judiciaires : l'arabe, l'italien ou le français. (Art. 16 Règlement d'Organisation).

Cette disposition a produit beaucoup d'inconvénients, comme, du reste, il est très-facile de le constater.

Après dix ans de résidence, les Magistrats pouvaient bien savoir, qu'en Egypte, il y a plus de cent mille personnes qui connaissent non seulement les trois langues judiciaires, mais aussi parlent et écrivent d'autres langues.

Pourquoi donc, lorsqu'ils ont fait le dernier Règlement Général Judiciaire, n'ont-ils pas ordonné : qu'aucun employé ne pourra être admis, que s'il connait les trois langues, dont l'une parfaitement?

Le nouveau Règlement, à l'art. 24, pour les greffiers et leurs subordonnés, et, à l'art. 27, pour les huissiers, prescrit qu'ils doivent seulement connaitre une langue judiciaire.

Est-il possible qu'un huissier puisse saisir dans les villages, sans parler l'arabe ?

Même pour les interprètes, il est prescrit (article 35) qu'il leur suffit de savoir seulement deux des trois langues judiciaires ; ils doivent assister à l'audience.

Les Juges ne connaissent généralement que le français (voir le journal L'EPOCA, du 25 Décembre 1886), qui affirme que des Juges ne connaisent aucune langue judiciaire, pas même le français). L'interprète connait généralement le français et l'arabe : s'il se présente donc une partie qui ne parle que l'italien, il en résulte une grande confusion comme il est arrivé maintes fois, par suite de cette disposition.

Du moment que la loi admet trois langues judiciaires, pourquoi le Règlement Général Judiciaire n'a-t-il pas ordonné aux Juges d'apprendre, au moins, l'italien et le français ? Pourquoi, au Caire, a-t-on prié les avocats de plaider en français?

Pourquoi la Cour (à l'art. 51) s'est-elle arrogée le droit de fixer l'indemnité pour les employés qui cessent leur service, et a-t-elle limité cette indemnité tout au plus à une année d'appointements, tandis que le Gouvernement a établi d'autres règles pour tous les employés, et que la Cour, par sa jurisprudence, a fixé d'autres règlements absolument opposés?

Le Gouvernement, en accordant une pension viagère à la veuve de l'huissier Serra, a déjà démontré que les articles 51 et 52 du Règlement ne sont pas basés sur l'équité, et qu'il faut les modifier.

L'article 57 permet aux Juges de se juger entre eux. Les Juges sont proposés et garantis par les Puissances; il serait donc plus naturel de faire juger les Magistrats par un Conseil de Consuls Généraux ; car entre les Consuls et les Juges ne doivent pas exister les relations et l'intimité qui règne parmi les Juges entre eux. On pourrait instituer une haute Cour de discipline pour les Magistrats Mixtes, à l'instar de celle qui fonctionne pour les Cadis.

Pourquoi à l'article 63 a-t-on donné le pouvoir au Ministère Public de prendre part aux Assemblées, tandis que dans les autres législations il n'a jamais eu ce pouvoir ?

Le Ministère Public et le Gouvernement Egyptien, d'un côté, et les Magistrats, d'autre part, doivent être tous libres, chacun dans leur sphère et dans leurs décisions, sans pouvoir s'immiscer réciproquement dans leurs attributions respectives.

L'article 83 occasionne beaucoup de fatigues et de dépenses à l'appelant, qui est obligé de retirer des mains des huissiers son acte d'appel, d'aller au Greffe et de se faire delivrer copie de ses conclusions et de la première assignation et du jugement dont appel, d'autant plus que le Greffe met un mois à les lui délivrer, et il est obligé d'aller à Alexandrie pour enrôler l'affaire.

Aux Tribunaux locaux, l'enrôlement est fait d'office : ne pourrait-on pas en faire autant aux Tribunaux de la Réforme, pour éviter à la partie les désagréments et les frais d'un voyage spécial, à Alexandrie ?

Je crois qu'il serait bon de modifier cet article, en ordonnant à la partie de déposer aux huissiers, en même temps que l'acte d'appel pour le signifier, le montant des frais de l'acte et de l'enrôlement ; l'huissier consignerait l'acte à la Caisse, comme d'habitude, et la Caisse enverrait d'office l'acte d'appel à la Cour, accompagné du dossier de première instance, qui contient non seulement les actes nécessaires et les conclusions des parties, mais encore toutes les pièces relatives au procès. De cette façon, les employés des Tribunaux ne seraient plus affairés pour écrire des copies inutiles, et les parties y gagneraient du temps et de l'argent.

Il existe une contradiction manifeste entre les articles 61 du Règlement et 24 d'Organisation Judiciaire; car ce dernier édicte que : dans certains cas, la Cour doit juger en Assemblée Générale, ce qui comprend la totalité des Conseillers, tandis que l'article 61 ne prescrit que la présence de huit Conseillers, ce qui ne forme que les deux tiers de l'Assemblée Générale.

Il y a contradiction aussi entre les articles 67 et 70, qui ordonnent que la plus grande partie des affaires doivent être plaidées à l'audience de leur appel, et l'article 85, qui permet à une partie de communiquer à l'autre les pièces et documents trois jours avant l'audience; car, en pratique, jamais les pièces ne peuvent être communiquées au défendeur avant l'audience.

Il est indispensable de corriger tous ces articles pour les concilier entre eux.

Je crois qu'il serait convenable de corriger l'article 85 du Rég., ainsi que l'article 13 du Code de Procédure qui, dans le cas d'opposition, spécialement, produit beaucoup d'embarras.

Je pense qu'il faudrait édicter, pour cette matière, les mêmes prescriptions que nous avons indiquées pour les actes d'appel.

La Cour a voulu établir, en apparence, un Ordre des avocats et un Conseil de l'Ordre; mais, en pratique, on n'a même pas conféré à ce Conseil le pouvoir d'infliger des peines disciplinaires, ou d'accepter la démission d'un confrère, ou de désigner un bâtonnier; car le résultat des élections du bâtonnier et membres du Conseil de l'Ordre n'est valable seulement, que lorsque l'élection a été approuvée par la Cour, qui a le droit de l'annuler (art. 201). C'est ainsi que l'élection du Commandeur Mr Tito Figari a été annullée, sans raisons logiques.

La Cour s'est réservée le droit de faire ce qu'elle veut des avocats, et cela avec raison ; car, en effet, il n'y avait que les avocats qui pouvaient connaître les secrets de ce qui se passe dans les coulisses des Tribunaux et de la Cour, et il n'y avait que les avocats qui pouvaient les rendre publics.

Avec cette méthode, les Juges sont arrivés à imposer silence aux avocats. Si, par exemple, un membre du barreau égyptien (Oberti) fait publier une brochure qui dévoile les imperfections des Codes, et les défauts, ou les erreurs des Magistrats, et les irrégularités du fonctionnement des Tribunaux, quand même il ne serait que l'écho de l'opinion publique, qui réclame à grand cri la réforme des Tribunaux de la Réforme, il est immédiatement sommé de demander pardon, s'il ne veut pas être rayé impitoyablement du Tableau de l'Ordre.

Si les Magistrats soupçonnent qu'un avocat (S...) ait donné le conseil à son client de se plaindre des Juges, au lieu de faire une enquête pour vérifier l'objet de la plainte, ils trouvent plus commode de lui interdire pour toujours l'exercice de sa profession, afin de frapper de terreur tous les autres avocats, ses collègues, qui seraient tentés de suivre son exemple.

Voilà les droits et la liberté accordés aux avocats en Egypte par les Magistrats, qui ont élaboré le Règlement Judiciaire.

Je pense qu'il est nécessaire de détacher de la Cour l'Ordre des avocats et de les rendre indépendants ; car, si les avocats commettent des délits comme hommes, ils ont leur Consulat pour les juger ; et, comme avocats, s'ils viennent à manquer à l'honneur professionnel, le Conseil de l'Ordre est le seul compétent pour les juger. Cette théorie n'est pas nouvelle ; c'est, du reste, celle qui est en vigueur dans tous les pays civilisés.

Comme la Presse est un pouvoir dans l'ordre politique, ainsi le Barreau devrait être un pouvoir dans l'Ordre judiciaire.

La Cour, pour avoir le droit de rayer un avocat quand bon lui semble, a introduit à l'article 198 des prescriptions vagues et indéterminées, pour les faire servir à voiler ses caprices. La Cour a admis qu'un avocat ne peut pas acheter un moulin à vapeur et l'exploiter sous le couvert d'une autre personne. De même, il est interdit aux avocats d'employer leur argent en qualité de commanditaire. Donc, l'avocat sera chassé de l'Ordre, lorsque, par la mort de son père, ou d'un autre parent, il aura hérité d'un moulin, d'un hôtel, d'une maison de banque !.. Dans quel Code trouvera-t-on ces délits relevés contre la dignité de la profession d'avocat ?

Le Code de Procédure et le Règlement Général Judiciaire sont absolument muets, en ce qui concerne les honoraires des avocats, tant à l'encontre de la partie perdante qu'à l'encontre du propre client : il faut changer le Règlement Général Judiciaire pour introduire le Tarif des honoraires susdits ; car ce défaut a causé des abus incroyables.

L'article 188 oblige l'avocat au secret sur les affaires qui lui sont confiées. Les Magistrats ont inséré cet article par luxe ; car, nonobstant cet article, tout dernièrement, ils ont interrogé Mes Zucchinetti, Ferrante et Chalom, pour leur faire confesser les secrets de leurs clients : chose incroyable, mais parfaitement vraie !

Le principe de la non rétroactivité des lois est sacré, d'après tous les philosophes et jurisconsultes, excepté pour ceux de la Cour Mixte, qui ont démontré le contraire par leur article 276, qui a suspendu pour un certain laps de temps des avocats, en leur enlevant le droit acquis de plaider à la Cour.

Dans la loi de Procédure, à l'article 44 et suivants, à côté de la profession d'avocat est reconnue celle des mandataires, pour représenter les parties par devant les Tribunaux de première instance.

Plusieurs mandataires exerçaient déjà depuis l'installation de la Réforme jusqu'en 1887, sans taches et sans reproches, et ils gagnaient honorablement leur existence et celle de leur famille, à Alexandrie, au Caire et à Mansourah.

La Cour avait-elle le droit d'interdire à jamais ces mandataires, et de jeter ainsi inopinément ces malheureux et leurs familles dans la misère?

C'est en vain que les mandataires ont réclamé contre cette mesure. Leurs réclamations ont été repoussées, ce qui est prouvé par les actes d'huissier et par les journaux d'Égypte.

Le Code de Procédure à l'article 258 et suivants établit les règles pour la nomination des experts, et l'article 253 (Code de Com.) celles des syndics, qui peuvent être choisis par les débiteurs (Art. 255. C. de Com.).

L'article 37 du Règlement d'Organisation Judiciaire ne donne pas à la Cour le droit de faire un Règlement sur les experts et les syndics.

Quelle est donc la raison pour laquelle les Magistrats de la Cour ont introduit dans le Règlement Général Judiciaire le Chapitre II, pour régler la nomination des experts et des syndics?

On a peut-être cherché avec cela à remédier aux abus relatés par les journaux, sur le choix des experts? On parle notamment d'un certain neveu de Magistrat, qui a le monopole des expertises, et qui a toujours eu le talent de compter des honoraires exorbitants; ce même fait s'est vérifié également pour le fils du Président.

Le Titre XV du Règlement donne aux parties le droit de récuser un Conseiller et un interprète.

Pourquoi la Cour, en élaborant ce Règlement, n'a-t-elle pas admis également le droit de récuser un Juge de première instance?

Est-ce que la Cour avait la conscience que, seulement, les Conseillers pourraient être soupçonnés?

Je devrais dire, à cette place, quels sont les Magistrats qui ont été récusés, et pourquoi; mais je préfère qu'on fasse une enquête, et, alors, on découvrira des choses, qu'il est mieux que je taise aujourd'hui.

L'article 14 oblige les huissiers au secret ; mais le journal L'Esope du 21 Juillet 1888 donne la preuve que ce secret n'est pas toujours gardé. Jusqu'à présent, personne non plus n'a songé à trouver un moyen pour que le service des huissiers soit fait aux termes de la loi, à savoir que les actes soient signifiés exactement dans les vingt-quatre heures de leur remise. (Art. 33 du Règlement Général Judiciaire et 12 du Code de Procédure.)

Bien loin de là, des actes sont restés en souffrance des mois entiers et sans raisons valables. Plusieurs jugements de défaut ont été frappés de péremption, parce que les huissiers n'ont pas pratiqué les saisies requises, en temps utile. Enfin, le service des huissiers non seulement n'a jamais fonctionné comme il fonctionne en Europe, mais même comme il fonctionne dans les Tribunaux indigènes. Pourquoi n'a-t-on pas donné suite à toutes les réclamations, qui ont été faites à ce sujet ? Ne serait-ce que pour se rendre compte, si la responsabilité en incombe aux huissiers eux-mêmes, ou à leur organisation défectueuse, et par quel moyen on pourrait y rémédier.

Il est urgent de faire une enquête sur ce point et les huissiers eux-mêmes viendront spontanément déclarer leurs propres griefs.

L'article 17 ordonne aux Magistrats de la Cour de résider à Alexandrie : ils s'en vont, au contraire, habiter à Ramleh, où on arrive en chemin de fer.

Cette résidence illégale produit des inconvénients nombreux.

Nous nous bornerons à citer le fait suivant, qui est caractéristique dans son genre, et qui suffit à donner une idée de la manière dont MM. les Conseillers entendent leur devoir de Magistrats. Voici le fait : Audiences de la Cour. A 9 heures, les mercredi et jeudi de chaque semaine, le public et les avocats se portent vers la salle d'audiences de la Cour, pour assister les uns à la séance, et les autres pour plaider leurs affaires. Ils commencent par attendre qu'il plaise à la Cour de se montrer, puis un garde costumé militairement s'avance avec gravité et appelle : « LA COUR ! » Ne riez pas, lecteur indulgent, au lieu de la Cour apparaît un personnage vénérable, à barbe blanche, qui s'assied avec majesté, et ordonne à l'huissier de procéder à l'appel des causes. La moitié de l'audience y passe. Sur ces entrefaites, et, pendant ce temps, MM. les Conseillers sont arrivés par le train de Ramleh ; mais, ils ne sont pas plutôt installés, que, onze heures sonnent, et aussitôt la Cour se retire pour... prendre le café ?!... De nouveau, la Cour rentre en séance ; mais midi va sonner. Tous les Magistrats sont agités ; le train de Ramleh va partir ; impossible d'attendre : il faut abandonner les plaidoiries, et s'en référer à des conclusions par écrit, pour être agréable à la Cour. Je passe que, pendant le peu de temps que la Cour daigne consacrer à écouter les plaidoiries, plusieurs des Conseillers causent entre eux, ou lisent le journal, ou sommeillent. Voilà l'immense fatigue qui accable les Conseillers chaque semaine ! La Presse d'Alexandrie a eu beau publier ces détails de la conduite des Magistrats de la Cour, ceux-ci sont fermement demeurés incorrigibles.

Pourquoi n'applique-t-on pas les peines de l'article 136 à ceux de ces Messieurs qui désertent leur résidence légale ?

L'article 141 donne au Vice-Président le droit de surveiller les autres Magistrats ; mais, comment peut-il exercer efficacement ce droit, alors qu'il est nommé par ces mêmes magistrats, ses collègues ?

Les Présidents ont déclaré, à maintes reprises à l'audience, que les Tribunaux ne sont pas à la disposition du public ni des avocats ; est-ce à dire que le public, les plaideurs et leurs avocats ont été expressément créés et mis au monde pour la plus grande gloire des Tribunaux ?... Tout le monde avait cru, jusqu'ici, que les Tribunaux avaient été institués pour rendre la justice aux parties, et, par conséquent, se mettre à leur disposition. En l'état actuel, il faut que les plaideurs, ou leurs mandataires, restent des heures entières à la disposition du Tribunal et attendre, sans murmurer, son bon plaisir de siéger.

A cause des chaleurs excessives qu'on souffre, en Egypte, les Ministères ouvrent leurs portes dès 7 heures du matin ; le Tribunal ne siége jamais qu'après 9 heures et demie... lorsqu'il entre de bonne heure. A midi, l'audience est levée. Il y a une audience civile et une audience commerciale toutes les semaines. Très-rarement le même Juge siége deux fois par semaine, lorsque le titulaire est en vacance. Voilà l'immense fatigue de MM. les Juges des Tribunaux de la Réforme qui touchent annuellement la modeste somme de 36,000 francs. (Chacun !...)

Parfois, lorsque le Tribunal, pour des raisons personnelles, entre en séance à l'heure exacte pour sortir plus tôt, et que les parties, au contraire, en connaissant les habitudes tardives du Tribunal, arrivent un peu plus tard, ou restent à causer dans la Salle des Pas perdus, le Tribunal raye impitoyablement du rôle leur affaire, ou il contraint la partie présente à plaider par défaut. Si, celle qui était absente vient ensuite pour réclamer de rétablir son affaire au rôle, ou de rabattre le défaut, il le lui est toujours refusé.

A l'audience du 18 Décembre 1888, le Tribunal a même usé d'un procédé analogue contre le Ministère Public — lui-même retardataire — en ce sens que le Parquet étant en retard, le Tribunal a ouvert la séance en son absence, bien qu'il eût, en tête du rôle, une affaire communicable au Ministère Public, dans laquelle était intéressé S. E. Zulficar-Pacha, ministre des affaires étrangères. Et, à propos du Ministère Public, puisque nous sommes sur ce sujet, nous nous permettrons de demander : à quoi peuvent être nécessaire quatre substituts et un nombreux personnel sous leurs ordres auprès du Tribunal Mixte de première Instance du Caire ?

L'un d'eux est désigné pour siéger à l'audience, mais

toutes les fois que le Tribunal, par devoir, demande ses conclusions, il déclare constamment « s'en remettre à la justice du Tribunal. » Passe encore pour celui-là ; mais, ne pourrait-on pas facilement se dispenser des services des trois autres ? Ne serait-ce que par raison d'économie. D'autant plus que la présence du Ministère Public n'est pas indispensable dans les affaires commerciales, et, à la rigueur, on pourrait s'en passer dans les affaires civiles; car, en s'en rapportant invariablement à la sagesse du Tribunal, le Parquet n'apporte jamais à la discussion ni plus de clarté, ni plus de lumière.

Il faudrait donner l'ordre au greffier de relater dans son procès-verbal d'audience l'heure de l'ouverture et de la clôture de l'audience même et les conclusions du Ministère Public en extrait, pour constater ce que je viens de dire.

A propos des Magistrats, la presse locale et étrangère a maintes fois rapporté :

« Qu'il serait urgent que ces Messieurs se modi-
» fient eux-mêmes, et déposassent les pouvoirs abu-
» sifs qu'ils ont usurpé ;
» Qu'ils nomment sans raison des employés, qui ne
» connaissent aucune des trois langues judiciaires,
» et qu'ils gaspillent les finances des Tribunaux au
» profit de leurs domestiques ;
» Que, notamment, pour transporter les meubles et
» les archives de la Cour (qui peuvent valoir cinquante
» mille francs), ils ont dépensé 126,000 francs !!! ;
» Que la Justice, en Égypte, est comme le Phénix
» antique qu'on n'a jamais pu trouver ;

» COME L'ARABA FENICE :

» CHE CI SIA, OGNUN LO DICE ;

» OVE SIA, NESSUN LO SÀ !

» Qu'il règne dans les Tribunaux une intrigue hon-

» teuse (CAMARILLA VERGOGNOSA) et qu'on use de deux
» poids et de deux mesures ;
» Que la déesse JUSTICE, de la Réforme, ne repose
» plus sur son véritable fondement ;
» Qu'il fallait nommer un Contrôle Supérieur et ad-
» mettre la proposition faite par le Commandeur
» Manusardi ;
» Que la Chambre de Commerce autrichienne s'est
» plaint de la manière dont on rendait la Justice ;
» Que MM. les Juges et Conseillers continuent à
» rédiger des sentences, qui, si elles étaient analysées
» par un savant jurisconsulte, prouveraient que les
» rédacteurs de ces jugements n'ont point lu le dosier
» de l'affaire, et que plusieurs ont été condamnés qui
» avaient raison. ERRARE HUMANUM EST !!! Mais,
» quand l'erreur n'est pas le résultat de l'indolence ou
» de l'impéritie. Que le Juge et le Conseiller ne
» pensent qu'à encaisser leurs appointements, en se
» donnant la moindre somme de peine possible ;
» qu'ils passent cinq mois par an en Europe, pour
» dépenser leurs appointements exagérés. »
Il faudrait étudier la manière de réduire, par économie, la paye annuelle des Conseillers qui touchent
individuellement la somme de 48,000 francs.

Le journal IL MESSAGIERE EGIZIANO, du 9 Août
1888, fait, en style ironique, une vigoureuse peinture allégorique, passant en revue toutes les salles du
Palais de Justice, et l'auteur de l'article se donne libre
carrière pour ridiculiser les Magistrats et mettre à
nu leurs vices et leurs défauts. Il faut le lire pour y
croire.

Les articles 52 du Code de Procédure et 23 du Règlement Judiciaire défendent aux Juges de donner conseil aux parties. Pour M. Prunières, vice-président du
Tribunal du Caire, ces articles n'existent pas. Un
certain M. Jabès, dans une plainte présentée au même
vice-président, déclare qu'il n'a pas signé des conclusions, parce que M. le Vice-Président l'en a décon-

seillé, et ce, pour donner origine à une plainte contre un avocat. Pour connaître le respect que les Magistrats portent à ces articles, il faut faire une enquête.

Pourquoi, à l'article 150 dudit Règlement, a-t-il été permis aux Magistrats de donner leur démission, pour éviter une action disciplinaire ? Est-ce pour étouffer aux yeux du public les méfaits des Magistrats ? Pourquoi cette même faculté a-t-elle été interdite aux avocats ?

En vertu de l'article 17 du Tarif, le Tribunal prend 12 P. T. (3 francs) par rôle, et les Magistrats allouent seulement aux copistes 1 P. T. (0,25), lorsque le rôle est complet ; et, s'il est seulement moitié, il n'est payé qu'une demi-piastre, tandis que le Greffier prend toujours un rôle entier de la partie. (Art. 38, Règlement.)

Le jugement par défaut du 17 Mars 1886 Dedona contre Vᵉ Coudet, qui n'a pas comparu, prouve non seulement dans quel respect est tenu par les Magistrats l'article 66, mais aussi la négligence de ces Magistrats de ne pas tenir audience le jour fixé par cet article ; en outre, ils n'ont pas eu honte de condamner Dedona aux frais de la procédure, parce que le Tribunal a fait vacance le jour précisément où il devait siéger.

L'article 68 est très-bien conçu ; mais dans la pratique, il n'est pas appliqué. Voici un exemple :
Aly Khalil et Farag Akmet, qui étaient dépossédés de leurs terrains à eux loués, ont demandé leur réintégration. Ils ont gagné. Le propriétaire fait appel, et l'arrêt de la Cour arrive, après que le contrat de location a été expiré. A quoi bon rendre des arrêts et prononcer des jugements théoriquement, lorsque, en pratique, on perd irréparablement capital, intérêts et frais ?
Il faut ordonner une enquête pour prouver toutes les injustices qui ont été commises, à cause de l'inob-

servance des articles 68-70-72 du Règlement Général Judiciaire.

L'article 124 du même règlement ordonne qu'un
Conseiller étranger doit rester à Alexandrie pendant
les vacances judiciaires. J'affirme que pendant même
ces dernières vacances, aucun Conseiller n'est resté
à Alexandrie. En outre, n'est-il pas immoral le droit
que la Cour s'est réservé, avec cet article, de révoquer les décisions prises et peut-être exécutées par le
Conseiller délégué à représenter la Cour, pendant que
ses collègues sont aux bains de mer?

L'article 126 du même Règlement ordonne aux Juges des Tribunaux de tenir trois audiences mensuelles,
pendant les vacances judiciaires.

Les Juges pour rendre inutile cet article, après avoir
dressé tous les ans le tableau indiquant les trois audiences, qui doivent avoir lieu trois fois par mois, pendant les
mois de Juillet, Août et Septembre, abusent de leur
droit de ne pas permettre d'assigner qu'à une audience par mois. De cette manière, ils gagnent chaque
vacance plus de six audiences.

Il faut faire une enquête pour vérifier combien
d'audiences ont été tenues pendant les vacances de
cette année, et il faut obliger les Magistrats de dire les
motifs qui les ont empêché de tenir les trois audiences
mensuelles et réglementaires.

Les art. 127-128 disent que les Magistrats jouiront
d'un congé de 3 mois 1/2 tous les ans ; mais il suffit de
lire l'EGYPTIAN GAZETTE du 6 Novembre 1888, pour
se convaincre que plusieurs Magistrats dépassent
toujours leur congé.

Serai-je taxé d'indiscrétion, si j'en demandai la raison ? A la première audience de rentrée de la Cour,
il n'y a jamais la présence des huit Magistrats sur
treize, nécessaires pour siéger. Il faut voir le procès-
verbal des deux premières audiences de la Cour, et
l'on constatera les absences.

Pour connaître les jours des départs pour l'Europe

de chaque Magistrat, il suffit de lire L'EGYPTIAN GA-
ZETTE des mois de Juin et Juillet de chaque année.
On affirme que plusieurs Magistrats ont touché leurs
émoluments de plusieurs mois, sans siéger, et sans
être en congé régulier.

Il faudrait vérifier l'exactitude de ces abus et trouver un moyen d'éviter que le Gouvernement ne soit
pas exploité.

Les vacances réglementaires sont de trois mois et
demi ; mais les affaires traînent en souffrance pendant cinq mois et plus. Il suffit de vérifier les procès-verbaux d'audience pour s'en convaincre. Est-il
possible de fermer les prisons pendant cinq mois ? Si
ce n'est pas possible, pourquoi donner aux Tribunaux Mixtes la compétence pénale ? Avant de parler
d'augmenter la compétence des Tribunaux, il faut
s'assurer de leur fonctionnement régulier, parfait,
sans interruption et sans inconvénients ; car, diffé-
remment, on créera un chaos, dont personne ne
pourra plus se dépêtrer.

Je ne pourrai pas, ici, décrire les dommages que
produit la clôture absolue de la Cour pendant les vacances. Il faut qu'une commission soit nommée pour en
décider. Est-il possible (par exemple) qu'un commerçant, qui est par erreur déclaré en faillite, puisse
rester cinq ou six mois, sans pouvoir faire révoquer
par la Cour ce jugement, rouvrir son magasin et
vaquer à ses affaires ?

Million de cas semblables se sont présentés !...

LE TARIF

ET LE

BUDGET DES TRIBUNAUX DE LA RÉFORME

Les Puissances, en vertu de l'article 36, inséré dans le Règlement d'Organisation Judiciaire, laissèrent au Gouvernement Egyptien le pouvoir de fixer les droits qu'il devait percevoir des plaideurs, pour l'indemniser des sacrifices qu'il devait subir pour payer les énormes appointements des juges étrangers. Le premier Tarif a été publié en l'année 1885 ; un second Tarif a été fait en 1877. On se demande : pourquoi la Cour a permis de modifier cette loi pendant les cinq années d'épreuve, tandis que ces modifications étaient défendues par l'article 12 du Code Civil ?

L'article 8 du Tarif est d'une difficile application ; car, jusqu'à présent, on n'a pu connaitre le taux de l'impôt existant sur les terrains expropriés. J'estime qu'il serait mieux de faire payer le droit sur le prix de vente, et non sur l'impôt ; car sur l'impôt, ce n'est pas possible.

Le suivant article 9 est aussi difficile à appliquer : il faudrait le modifier dans le sens indiqué par l'article 8.

L'article 57 de ce Tarif doit être chargé ; car il contient une erreur juridique, puisqu'il déclare, que les actes sont rendus authentiques moyennant la simple légalisation des signatures, ou des cachets.

L'article 60 est tout à fait absurde, puisqu'il prescrit le droit du greffe après deux ans, tandis que le Code Civil (art. 274) le prescrit en trois cent soixante jours seulement. Il y a toutes les raisons de croire que ce sont les Magistrats de la Cour qui ont proposé cette absurdité.

Le Titre III contient les règles de la comptabilité, des droits à percevoir, et quelles sont les personnes, qui ont le droit de surveillance, et, par conséquent qui doivent être responsables, dans le cas de soustraction. Ces règles sont très-claires et très-simples, mais personne n'a jamais songé à les mettre exactement à exécution, d'où il s'en est suivi que des soustractions ont été faites à la caisse des Tribunaux.

Les enquêtes administratives, et les procès criminels, qui se déroulent, en ce moment, devant le Tribunal Mixte du Caire et le Consulat d'Italie sont la preuve la plus évidente, que la caisse des Tribunaux a été lésée par des employés infidèles.

Depuis plus de trois ans, des vols étaient commis par de petits employés. Ils étaient à la connaissance de tout le monde, et, seul, le Parquet du Caire à qui incombait le soin de surveillance les ignorait. L'article 69 du même Tarif déclare : que la perception des taxes est mise sous la surveillance du Ministère Public. Donc, le Ministère Public, M. Afifi-Bey, en est l'unique et seul responsable ; mais lui, pour se débarasser de cette responsabilité, a cru devoir faire un procès aux autres employés. Les articles suivants 70-71-72 apprennent au Ministère Public le détail de ce qu'il doit faire pour vérifier les additions et les reçus, qui doivent être comparés avec les originaux et copies. Enfin, l'article 73 confirme le devoir du Parquet de vérifier les comptes. De plus, l'article 74 de ce Tarif met l'Inspecteur Général à la disposition du Parquet pour l'aider dans la vérification. On ne peut donc émettre de doutes, que l'unique responsable des vols de la caisse du Tribunal Mixte de Première Instance du Caire, sont : M. Afifi-Bey et l'Inspecteur Général. Nous verrons si la Cour aura le courage de faire rembourser, par le Parquet et l'Inspecteur Général, les sommes volées à la Caisse.

Ce n'est pas la première fois, que les revenus des Tribunaux Mixtes ont été volés. Aux Tribunaux d'Alexandrie et de Mansourah, pareille chose est arrivée, et on n'a pas fait tant de bruit qu'aujourd'hui.

Je pense qu'il est nécessaire qu'une Commission compétente soit nommée pour étudier et corriger le Tarif ; car, il n'est pas juste, que ceux qui abordent la Justice pour P. T. 900 doivent payer comme ceux, qui réclament une somme beaucoup plus supérieure ou infinie. Je suis franchement d'opinion, qu'il faut introduire quelque chose de proportionnel en plus des droits, qui sont stipulés dans le présent Tarif. Les anciens Tribunaux indigènes faisaient payer le deux pour cent sur le montant de la demande, et avant de l'introduire.

PROJET DE NOUVEAU TARIF

En exposant les défauts du Code de Procédure, j'ai promis de faire un Projet pour réorganiser les greffes, le voici : il faut débarrasser les Tribunaux Mixtes des greffes des hypothèques et des actes authentiques ou notariés, qui doivent en plus être déclarés publics ; car, à présent, sans raison, ils sont considérés comme des actes privés. Dans tous les pays, les hypothèques et les actes authentiques ne font pas partie des Tribunaux, étant deux choses purement administratives tout à fait séparées de la Justice, qui ne doit pas s'occuper de ces affaires financières, pour consacrer tout son temps à rendre la Justice.

Il est nécessaire d'instituer au Caire un Bureau d'Archives Général et Public, pour conserver toutes les hypothèques, inscriptions et transcriptions, et pour compiler et conserver les actes authentiques, ou notariés. En outre, il faut que les Archives du Caire soient complétées par la création de Bureaux d'Archives spéciaux, pour le même effet, dans chacune des Provinces (Moudiriehs) de l'Egypte.

Aujourd'hui il existe seulement, en ce pays, trois Greffes des hypothèques, et séparés dans chacun des trois Tribunaux, sans Archives Générales. Ce qui produit beaucoup d'embarras et de tracas.

Les contractants, sans distinction entre indigènes et étrangers, auront tous la faculté de faire rédiger, ou présenter leurs actes tant au Bureau des Archives Général du Caire qu'aux Bureaux des Archives Spéciaux de la Province où résident les parties, ou dans la province où sont situés les immeubles, dont il s'agit dans les actes. Cette méthode servira à habituer les indigènes à consentir des ventes authentiques entre eux, tandis qu'à présent, ils les font sous seing-privé, au moyen de « chartiehs » qui sont presque toujours nulles aux termes de la jurisprudence de la Cour. Les actes, hypothèques, inscriptions et transcriptions seront compilés en doubles originaux, formant deux registres séparés, paraphés et numérotés, dont un sera conservé au Bureau des Archives de la Province, et l'autre au Bureau des Archives Général du Caire, afin d'en avoir toujours un original, éloigné l'un de l'autre, en cas d'incendie, ou que par un malheur quelconque, un des deux originaux viendrait à manquer, ou à être détruit. Chaque registre doit avoir la durée d'une quinzaine, et sera clos le 15 et à la fin de chaque mois, et un original sera envoyé par le Chef du Bureau des Archives, qui a rédigé l'acte, le 16 et le 1ᵉʳ de tous les mois à l'autre Bureau des Archives, qui doit le conserver.

Les Tribunaux doivent conserver seulement les Greffes des Chambres, dont ils relèvent. Il y aura un Greffier en chef pour le service en général; et pour chaque Chambre Civile, de Commerce, des Faillites, des Ventes, de Justice Sommaire, etc., simplement un Commis-greffier. Tout le monde aura la faculté de consulter et de vérifier tout ce qui se trouve écrit aux Greffes des Tribunaux, ou aux Archives susdites, en payant le droit fixé en Timbres-monnaie, qui seront annulés, et moitié de chaque timbre sera conservée par l'employé, pour en faire la statistique et le contrôle.

Les Avocats, seulement, auront le droit de faire des extraits et des copies, qui seront toujours écrits sur papier timbré, et le Chef du Greffe les collationnera, et en garantira l'authenticité, sans payement de taxe. Il serait dangereux de permettre à tout le monde la manipulation des registres et des dossiers. Tous les droits pour les jugements, actes, extraits, copies susdits, etc., seront perçus moyennant différents papiers timbrés, selon l'importance de la somme indiquée dans l'acte, et ce, jusqu'à P. T. 10,000. Les droits au-dessus de cette somme, et les droits proportionnels seront perçus au moyen de Timbres-monnaie, qui seront apposés sur la première page de l'acte respectif, et, après seront annulés par le fonctionnaire responsable de cet acte. Le Chef du Greffe devra, en outre, écrire en toutes lettres le montant de l'acte en marge de la première page, pour pouvoir toujours en vérifier les timbres et leur valeur.

PAR EXEMPLE :

Un papier spécial servira pour les assignations et les protêts.

Un autre pour les conclusions, et autres actes judiciaires, et actes à notifier, et pour toutes les copies, en général.

Un troisième servira pour les jugements et les grosses.

Un quatrième pour les actes authentiques, ou notariés, pour les hypothèques, inscriptions et transcriptions.

Chaque acte devra être écrit sur papier séparé, c'est-à-dire il sera défendu de faire deux actes différents sur une seule et même feuille. Toutes ces epèces de qualités de papier pourraient être de diverses couleurs. La couleur peut servir à éviter beaucoup d'erreurs, et peut en faciliter aisément le contrôle.

Les Timbres-monnaie seront toujours proportionnels et devront être employés, après le papier timbré, seulement pour des sommes supérieures à celles mentionnées sur le même papier.

PROPORTION A RAISON DE LA SOMME CONTENUE DANS

LES ACTES

1° De P. T.		1 à	500	Prix...	X
2°	»	501 à	1.000	»	Y
3°	»	1.001 à	5.000	»	Z
4°	»	5.001 à	10.000	»	A

Pour les sommes supérieures, et pour payer les droits proportionnels, il suffira de faire quatre espèces de Timbres-monnaie :

La première espèce du prix d'A, à savoir le prix du droit qu'il faut percevoir sur P. T. 10.000 ; la seconde du double, la troisième du quadruple, et la quatrième de dix fois A. Le prix de chaque espèce doit être fixé de manière que tous ses revenus doivent suffire à payer tous les frais et dépenses de papier et timbres, les appointements des employés, le loyer des locaux et leur entretien, de sorte que le Gouvernement n'aurait rien à perdre, ni à gagner.

Par ce système, les parties paieront toujours ; mais elles gagneront du temps. (TIME IS MONEY). Tandis qu'à présent, il faut toujours attendre des semaines et des mois pour avoir une copie, ou pour terminer une affaire.

Le Gouvernement épargnerait : 1° les frais de tous les registres, papiers et articles de bureau, ameublement des locaux et partie de ces mêmes locaux, etc. ; 2° les appointements des copistes, comptables, caissiers, inspecteurs, etc., 3° plus de soustractions possibles dans les caisses des Tribunaux ; 4° l'ordre, la régularité et la célérité règneront dans les affaires.

Par l'adoption de mon système on peut se passer de payer directement les employés des Tribunaux et des Archives, et la comptabilité et l'administration de la Caisse sont supprimées.

DÉMONSTRATION

Les huissiers achèteront le papier timbré, nécessaire pour leurs actes, du Caissier du Gouvernement (Sarral), à un prix réduit, l'escompte devra être calculé et fixé, de manière à suffire pour les rémunérer en proportion de leurs services. Plus ils travailleront, plus ils gagneront, et ainsi l'ère des réclamations contre les huissiers aura pris fin.

Chaque Tribunal aura un Greffier, et, en outre, un Commis-greffier pour chaque Chambre siégeant. Le Greffier en chef achètera du Gouvernement les papiers et timbres nécessaires, à un prix rédut, et calculé de façon que l'escompte devra servir pour le dédommager de ses peines et soins, celles des Commis-greffiers et du personnel du Tribunal, ainsi que de toutes les dépenses des Greffes.

La quote-part sur la vente du papier timbré, encaissée par le Gouvernement, devra suffire pour acheter le papier et timbres, et pour payer les émoluments des Magistrats.

Ici, j'applique la théorie, que les frais de justice doivent être payés par les plaignants, qui les ont occasionnés, en vertu de l'adage : « QUI CASSE LES VERRES LES PAYE ». On pourrait aussi laisser ces revenus pour payer tous les frais et dépenses des Tribunaux, exception faite des appointements des Magistrats, qui pourraient être payés avec les revenus des Bureaux des susdites Archives.

Le Chef-greffier cédera à chaque Commis-greffier le papier et les timbres, qui seront nécessaires pour son Greffe ; mais il percevra un tant pour cent sur chaque papier, ou timbre, pour le rémunérer de ses peines et soins, frais et dépenses des Greffes, qui seront à sa charge exclusive.

Le Commis-greffier vendra aux plaignants de son Greffe le papier et timbres aux prix indiqués. Ce qu'il gagnera sur cette vente suffira à compenser ses peines et soins et à l'indemniser des frais et dépenses, qu'il a pu faire pour frais de copiste, etc., qui peuvent demeurer à sa charge.

Le présent système est basé sur la nouvelle théorie, que chacun doit être rémunéré en proportion de ses propres peines et soins, et en proportion de sa production ; c'est-à-dire de l'utilité que son propre travail a apporté à la Société, et non en vertu de l'ancienne théorie qui veut qu'une personne doive être payée selon le Degré, ou Dignité qu'il possède, sans tenir compte de son travail. Ce système, inventé pour récompenser les fidèles serviteurs de la tyranie, qui créa les dignités inutiles, ou sinécures, doit être aboli aujourd'hui.

Chaque employé de la tyranie était investi d'un degré, ou d'une dignité, jouissant d'un appointement fixe, qui était toujours perçu — quelle que soit la place qu'il occupait, ou la fonction qu'il exerçait — et, dans la plupart des cas n'était pas en proportion de leurs mérites, ni de leurs capacités.

Avec le premier système, tous les fonctionnaires travailleront le plus qu'ils pourront sans être surveillés. Les affaires marcheront plus régulièrement et avec beaucoup plus de célérité, et tout le monde s'en trouvera plus satisfait.

On ne pourra plus avoir la crainte que le travail viendra à manquer ; au contraire, la statistique nous démontre que toutes les affaires sont toujours en retard : chacun étant payé en proportion de son travail, la demande d'augmentation d'appointements sera impossible comme il ne sera pas possible aussi de prendre des appointements sans rien faire. Ce même système peut être appliqué au Bureau des Archives et des Hypothèques.

Je publierai très-prochainement un Mémoire ayant trait à l'Organisation des Bureaux des Archives et sur l'affectation de ses revenus.

Je proposerai, en outre, un nouveau mode de recrutement des Magistrats, tout en traitant des conditions de leur engagement, et discutant le taux des émoluments qui doivent leur être attribués, en proportion de leur production. Je terminerai en indiquant la manière de les payer, et de les rendre tout à fait indépendants du Gouvernement.

Je terminerai cette critique du Tarif en faisant le bilan des revenus judiciaires, jugements et arrêts ; et le bilan des dépenses faites pour les appointements des Magistrats, ainsi que des autres fonctionnaires, et je ferai le calcul de ce que chaque jugement et arrêt a coûté au Gouvernement, et combien il a encaissé, en remboursement, des parties.

Je suis persuadé, qu'après avoir établi, par mes chiffres rigoureusement exacts, les frais exorbitants occasionnés par treize années de fonctionnement des Tribunaux de la Réforme, Votre Gouvernement se verra forcé de déclarer que — par économie — il est dans la nécessité de fermer les portes des Tribunaux Mixtes.

Tout le monde sait, que dans les cinq premières années de la Réforme, il a été jugé la plus grande quantité des affaires ; car, outre les affaires ordinaires qui se produisent normalement chaque année, il a été aussi décidé toutes les anciennes causes, qui étaient en suspens et en souffrance depuis vingt ans et plus.

En outre, les Magistrats dans cette période prenaient un cinquième en moins d'appointement. Il y avait donc plus de sentences et moins de frais, par conséquent chaque jugement a dû coûter meilleur marché, de ce qu'il coûterait à présent.

Attendu que n'ayant pas sous la main la statistique des treize années de fonctionnement de la Réforme, je dois me limiter à arrêter le bilan de la première période quinquennale du fonctionnement de la Cour et du Tribunal du Caire, en particulier ; puisque, en outre des affaires ordinaires, il a été plaidé auprès de ce Tribunal toutes les causes contre Votre Gouvernement.

La Cour a, en cinq années, prononcé 1,304 arrêts dont 223 par défaut et 1,081 contradictoires.

Les appointements des 15 Magistrats de la Cour, dont 9 Conseiller et 1 Procureur Général européens, et 5 Conseillers indigènes, y compris le Président, se sont élevés à deux millions cinq cent mille francs.

Si on divise cette somme de francs 2,500,000 par 1,304, chiffre, qui représente les arrêts prononcés dans les cinq premières années, nous voyons que chaque arrêt a coûté à Votre Gouvernement francs 1,917 et quelques fractions, et, ce, seulement pour émoluments des Magistrats. Si nous ajoutons à cette somme celle qui a été dépensée pour l'entretien des Greffes, du Parquet, des locaux, articles de bureaux, etc., nous pouvons affirmer que le Gouvernement de Votre Altesse a payé chaque arrêt plus que le double du chiffre, que nous avons indiqué plus haut.

Ne pourrait-on pas nommer une Commission, pour juger s'il n'aurait pas été plus profitable pour le Trésor Egyptien, de transiger avec les demandeurs, sans aller en Justice ?

VII

Les recettes de la Cour de cette première période quinquennale ont atteint la somme de P. T. 693,803, dont P. T. 374,146 pour actes d'huissier, et P. T. 319,657 pour actes judiciaires.

Le total des P. T. 693,803 équivalent à francs 180,389. Votre Gouvernement a donc dépensé francs 2,319,612 de plus de ce qu'il a reçu des parties, pour payer uniquement les Magistrats de la Cour, sans compter les autres frais susdits.

Votre Gouvernement pourra-t-il, à l'avenir, supporter ces frais ?

Chaque Conseiller a, durant les cinq premières années d'exercice, rédigé 100 et 4/13 arrêts, dont 17 et 2/13 par défaut, et 83 2/13 contradictoires.

D'après ces calculs, on arrive à savoir que chaque Conseiller a rédigé moins de 21 arrêts par an ; c'est-à-dire moins de 2 arrêts par mois. En général, chaque arrêt imprimé a deux pages d'écriture tout compris, motifs et dispositif ; quelques très-rares arrêts ont la longueur de 4 à 5 pages, mais, ces arrêts, ainsi que je l'ai dit, sont l'exception : chaque Conseiller a donc dû écrire moins de 4 à 10 pages par mois.

Aujourd'hui, chaque page des arrêts de la Cour a la valeur moyenne de cinquante napoléons d'or !...

Ne serait-il pas juste de nommer une Commission pour découvrir la cause pour laquelle la Cour traîne des années les affaires ?

Notamment, il y en a une grande quantité en souffrance, toutes les fois que le dernier délai, fixé pour le fonctionnement des Tribunaux Mixtes arrive, et que l'on doit décider s'il est nécessaire de le proroger.

Les arrêts des périodes successives devraient coûter presque la moitié de plus ; car les appointements de Messieurs les Magistrats ont été augmentés d'un cinquième, tandis que les sentences vont toujours en diminuant.

Permettez-moi, Monseigneur, de passer en revue le Tribunal du Caire ; qui, dans cette première période, a prononcé 9,366 jugements, dont 4,296 par défaut et 5,070 contradictoires.

Les appointements des 12 Juges, dont 7 européens et 5 indigènes, se sont élevés à P. T. 5,180,770, et ceux des Membres du Parquet et autres Fonctionnaires à P. T. 13,500,00

Chaque Juge a rédigé 851 et 5 11 de jugements, dont 390 et 6 11 par défaut, et 160 et 10 11 contradictoires.

Chaque jugement contradictoire a coûté au Gouvernement francs 975. Le total des frais se sont élevés, pour cette période à P. T. 18,980,770, et les recettes à P. T. 8,970,560, dont P. T. 5,663,405 pour actes judiciaires et 3,307,155 pour droits d'huissier. Votre Gouvernement a perdu de ce chef P. T. 10,010 210, soit environ 3,000,000 de francs.

Cette excessive quantité de frais perdus par Votre Gouvernement pourrait bien être doublée; car on doit y ajouter les pertes occasionnées par les dépenses de la Cour, ainsi que nous l'avons relaté plus haut.

Avant de finir, je dois dénoncer un abus que les huissiers perpètrent journellement au préjudice des parties. L'article 1er du Tarif est clair; il dit que l'huissier a droit aux frais du transport, seulement s'il se transfère hors du lieu de sa résidence.

Au contraire de cela, les huissiers perçoivent, en plus, les droits de monture pour les actes signifiés au Caire même.

En outre, si une partie consigne un acte, pour être signifié dans les villages : cet acte doit rester suspendu jusqu'à ce qu'on en reçoive un certain nombre.

Si l'huissier part pour plusieurs actes, pourquoi fait-on payer, pour chaque acte, les frais de chemin de fer, de transport et de séjour de l'huissier, au lieu de les répartir sur tous les autres, comme il est dit à l'art. 36 du Tarif.

Du moment qu'on fait subir aux parties le préjudice du retard, retard incroyable ; car plusieurs fois, il se prolonge de deux à trois mois et plus, pourquoi ne les fait-on pas bénéficier de la diminution des frais proportionnels au nombre des actes signifiés ?

Plus de la moitié des sommes susdites ont été perçues à tort par les huissiers ; elles auraient dû être restituées aux parties, si le Parquet qui a le controle de la comptabilité avait fait son devoir. Une Commission est nécessaire pour étudier cette question, qui est très-grave et très-délicate. Ce fait ne constitue-t-il pas un acte de concussion?

J'affirme que le service des huissiers n'est pas régulier, et qu'il laisse beaucoup à désirer.

Je pense qu'il faut absolument réorganiser le service des huissiers, spécialement pour éviter ce fait qui arrive constamment, à savoir que des jugements ont été périmés, parce que les huissiers n'ont pas fait la saisie nécessaire à empêcher cette péremption dans les délais voulus par la loi.

Je crois qu'il sera facile de trouver une meilleure méthode pour les significations des actes en Égypte ; j'ai même élaboré, à ce sujet, deux projets qui pourraient, à défaut de mieux, obvier à bien des inconvénients. Le premier consisterait à assigner une résidence fixe, dans chaque Moudirieh, à un ou plusieurs huissiers, selon les besoins du service, qui seront chargés de recevoir les actes à signifier dans la circonscription de cette Moudirieh, par l'entremise du Chef huissier, près des Tribunaux de Première Instance, auquel les parties doivent consigner leurs actes, avec le montant des frais de signification, ce qui économiserait aux parties des frais de chemin de fer, des frais de déplacement et de séjour, que les huissiers perçoivent aujourd'hui, et qui sont très-considérables. De cette manière, il résulterait plus de célérité dans les significations.

Mon second projet, auquel je donnerai la préférence, consisterait à ce que le Chef huissier envoyât les assignations et tous les actes, y compris les commandements au Chef de la Police du village où réside la personne à laquelle doit être notifié l'acte. Le Chef de la police, à son tour, mandera le Chef du village, et le chargera de lui amener la personne à qui la pièce doit être notifiée. Remise lui en sera faite par le Chef de la police, qui fera cacheter l'original par l'intimé ; pour bien constater qu'il l'aura reçu, il sera également cacheté par le Chef du village qui se portera garant de l'identité de la personne à qui on aura fait la signification de l'acte. En cas d'absence, ou de refus de se présenter, l'acte sera laissé au Chef du village, qui le fera parvenir, sous sa responsabilité, à la personne intéressée.

Des honoraires seront alloués aux Chefs de la police et Chefs de village ; mais ils seront toujours inférieurs aux sommes allouées présentement aux huissiers.

De cette façon, on éviterait les inconvénients qui se produisent : à savoir, que des actes n'ont pas été notifiés aux personnes qu'ils visaient.

Par l'adoption de mon second projet, les huissiers ne seront plus surchargés de travail, et consacreront tout leur temps à pratiquer les saisies, et faire les ventes mobilières forcées. D'ailleurs, ce système est déjà employé, en partie, par les Tribunaux, pour la notification ou remise des avis à venir plaider à telle ou telle audience, lorsqu'une affaire, après avoir été classée au rôle spécial, vient à son tour pour être plaidée. On pourrait également épargner au Trésor la paye de plusieurs huissiers.

JURISPRUDENCE

La Jurisprudence, qui dévoile les théories juridiques des Magistrats, et apprend comment ces théories ont été appliquées dans la pratique, va nous démontrer, si les énormes dépenses, qui ont été faites pour une bonne administration de la Justice, en ce Pays, ont produit quelques bienfaits, et répondu aux sacrifices, que le Gouvernement de Votre Altesse s'est imposé. Et, enfin, nous examinerons si le résultat de cette Justice a été l'application stricte du Droit et de l'Equité.

A la fin de chaque année judiciaire, la Cour publie un Recueil des arrêts, qu'elle a prononcés dans le courant de l'année, et qui présentent un intérêt juridique — probablement — selon les vues de la Cour ; mais cette publication périodique ne contient pas la totalité des arrêts, prononcés ; puisque, dans la première période quinquennale (de 1876 à 1880) 1,304 arrêts ont été prononcés, tandis que la Cour, dans les cinq premiers volumes parus, n'en publie que 554.

Est-il permis de penser que les autres 750 arrêts n'étaient pas dignes de voir le jour, et d'êtres lus par les savants ?

Pourquoi cette réserve de cacher au public la jurisprudence de la Cour? D'aucuns prétendent que la Cour a enfoui au fond de ses archives la plupart de ses arrêts; car, ajoute-t-on, si les personnes éclairées avaient pu en prendre connaissance, la bonne renommée de la Cour aurait été en danger.

Je me bornerai donc à raisonner simplement sur la jurisprudence des arrêts, qui ont eu les honneurs de l'impression; mais, néanmoins, tels qu'ils sont, ils nous donnent une idée exacte de l'esprit et du talent de ceux qui les ont rédigés.

Dans la chaleur de leur zèle, nos Magistrats européens ont oublié ce verset fameux de la Bible: « Solus Deus scrutat mentes et corda », puisque méprisant — à tort — ces paroles divines, ils se croient capables de rendre la vraie justice, la justice absolue. C'est en partant de cet esprit, que la Cour s'est arrogée le droit de ne pas tenir compte des demandes, conclusions, raisons, ou arguments des parties; et de décider, non pas d'après ces données, mais d'après leurs sentiments intimes et personnels. A l'appui de ce que j'avance, je vais énoncer quelques uns de ses principes qu'elle a consacrés, et qui, en quelque sorte, sont devenus à ce jour, une loi pour les Tribunaux:

« Les Tribunaux, appelés à appliquer la loi, ne sont
» pas tenus de se renfermer dans le cercle des
» moyens qu'on leur propose, ils peuvent toujours
» puiser dans la loi même les motifs de leurs déci-
» sions. » — (JURISPRUDENCE, tome IV, page 397).

La Cour a décidé encore, que : « les exploits, et
» les conclusions des parties, ne doivent pas être
» prises, et appliquées selon le sens littéral y indi-
» qué; mais que les Magistrats avaient le droit de les

» interpréter, ou modifier pour en tirer les jugements
» qu'ils croyaient nécessaire. » — (IDEM, tome VI,
page 83).

L'application de ces deux théories a donné lieu à
des décisions monstrueuses, incroyables et absurdes.

C'est par application de cette théorie que Dimitri
Kitrilaki a été condamné à payer une obligation ni
due, ni reconnue par lui ; car il n'avait jamais eu à
faire ni directement, ni indirectement avec le prétendu
créancier, puisque par erreur matérielle dans l'assignation, le demandeur avait changé le vrai nom
de son vrai débiteur appellé Stéphan Kitrilaki, en
celui de Dimitri, qui a été assigné par erreur.

Le Tribunal n'a pas voulu prendre en considération
cette nullité, et cette fin de non-recevoir proposée par
le défendeur Dimitri, et il l'a condamné à payer tout
bonnement une obligation contractée par un autre.

C'est en vertu de cette même théorie que la dame
Schinasi a été condamnée à payer à M. Hany ce qui
était dû exclusivement par son mari. Ce dernier s'était
personnellement obligé à payer des réfections de
peinture à M. Hany, qui avait reçu de M. Schinasi
un gage en garantie du paiement. En outre, le travail
terminé, M. Schinasi a fait une offre réelle qui a été
encaissée par M. Hany. Le Tribunal, quoique incompétent pour matière, a, néanmoins, condamné la
femme Schinasi à payer à M. Hany la somme pré-
tendue par ce dernier, sans l'obliger à restituer :
ni le gage, ni la somme donnée par son mari, ni
la compenser.

Dans ce cas, le Tribunal a appliqué la fausse théorie
que : le propriétaire doit payer les réparations qu'il
n'a pas ordonnées, et qui ont été commandées par
des tiers pour leur compte personnel.

En application de cette théorie, tant la Chambre
Civile que celle des Criées du Tribunal Mixte du Caire,
se sont déclarées toutes les deux compétentes pour
juger les Dires écrits par les parties sur le Cahier des
charges d'une expropriation. En outre, les mêmes
Chambres (Civile et Commerciale) se sont déclarées

toutes deux compétentes pour juger de la vérification, ou de la fausseté des cachets et signatures.

Enfin, un certain Sid-Ahmed Abou Nasr avait demandé la vérification du cachet apposé par la dame Aspasie Veuve Jagno sur une obligation de P. T. 12,000, qui devait échoir six mois après cette demande de vérification. Le Tribunal a, par son jugement par défaut du 18 Février 1884, condamné la dite dame au paiement de cette obligation avec ses intérêts, au lieu d'ordonner la vérification seulement demandée ; puisque la créance, qui en résultait, n'était pas encore échue — (Voir Rôle Général du Caire, N° 1,205, IX année judiciaire).

Une affaire a été plaidée par devant la Chambre Commerciale ; mais elle a été jugée, au contraire, par la Chambre Civile. — (JURISPRUDENCE, tome III, page 106).

Est-ce pour faire toujours de la vraie, de la justice absolue, qu'on a jugé ainsi ?

Par application de la même théorie, le Tribunal du Caire, par jugement par défaut, faute de comparaître, en date du 28 Décembre 1886, sur la demande du Sieur A. Chakour Agha Mohamed, qui demandait les loyers de sa maison à partir de l'an 1300 de l'Hégire, a accueilli la demande par suite de la non-comparution du défendeur locataire Ahmed Agha Hamdy ; mais pour faire une vraie justice, le Tribunal lui a enlevé trois années de loyer, sans motif. Le dispositif du jugement, en effet, l'a condamné seulement à payer les loyers à partir de l'année 1303, c'est-à-dire trois années après.

Une autre fois, on avait par erreur matérielle condamné le défendeur à payer une somme supérieure à celle réclamée. Le demandeur, ayant eu gain de cause, se présenta à M. le Juge, en le priant de fixer la condamnation à la somme inférieure, qu'il avait demandée. Celui-ci, a répondu avec franchise que : « Le Tribunal ne se trompe jamais. »

Est-ce encore en application de la théorie que :

VIII

les Tribunaux ne sont pas obligés de se renfermer dans le cercle des moyens proposés, qu'ils ont
jugé ainsi ?

Dans une autre affaire, un demandeur requiert
confirmation d'une saisie-gagerie. Le défendeur fait
des offres réelles à la barre. Il est jugé par le Tribunal, que les offres ne sont ni suffisantes, ni libératoires ;
et, en même temps, il est donné par le Tribunal
main levée de la saisie pratiquée. — (JURISPRUDENCE,
tome IV, page 178).

Voilà une très-belle théorie pour faire perdre aux
propriétaires non seulement le privilége sur les biens
mobiliers, mais encore les loyers!...

Il a été jugé : qu'on peut déclarer un jugement
par défaut, faute de comparaître, bien que la partie
ait comparu plusieurs fois dans la procédure d'instruction. — (Voir MONITEUR du Caire en date du 29
Mars 1887.)

Si on déclare un jugement par défaut lorsque les deux
parties (demandeurs et défendeurs) ont comparu,
ne devrait-on pas par analogie déclarer contradictoires
les jugements, lorsque une des deux parties n'a pas
comparu ? Ne serait-ce pas de la vraie justice ?

On avait demandé à M. le Vice-Président du Caire
la permission d'assigner une partie à bref délai. Au
lieu de répondre à la requête, M. le Président a rendu
une ordonnance, par laquelle il a jugé le fond ; à savoir,
que le Tribunal était incompétent à connaître de
cette affaire ; et, par suite il a prononcé l'incompétence du Tribunal, sans que les parties aient été
présentes, ou assignées, ou entendues.

Ne pourrait-on pas appeler contradictoire cette
ordonnance aux termes de la susdite jurisprudence
de la Cour ?

Le 6 Octobre 1888, le Vice-Président du Caire a
statué, que l'appel d'un jugement inappelable sus-
pend néanmoins l'exécution. Avec cette théorie, on

concède des avantages et des priviléges, qui n'existent pas.

La Société Russe avait obtenu un arrêt, qui lui permettait la démolition « d'une partie » d'un immeuble.

Elle a, au contraire, abusé de son pouvoir et a démoli tout l'immeuble d'Emin Bey, qui, par action nouvelle et séparée, en se basant sur l'arrêt, qui permettait seulement la démolition d'une partie de maison, demanda de dommages-intérêts pour le surplus démoli.

Le Tribunal reconnaît le fait, que la Société Russe a abusé de son pouvoir, et a causé des dommages, mais il a débouté le demandeur Emin Bey Chamsi de sa demande, en prétendant qu'il y avait chose jugée, par allusion, et en vertu de l'arrêt précité.

Est-ce une vraie justice ?

Ahmed-Bey Abd-el-Razak réclamait de la dame Catherine Etienne les loyers à raison de 5 napoléons par mois, et la validité de la saisie-gagerie, qu'il avait fait pratiquer sur les meubles de sa débitrice ; la défenderesse n'a pas comparu, le Tribunal du Caire, par jugement de défaut, faute de comparaître, en date du 12 Novembre 1888 l'a condamné à payer seulement 2 mois, et ne valida pas la saisie-gagerie.

Le jugement était inappelable : la dame a pu en profiter en emportant ses meubles, et le pauvre propriétaire indigène s'est trouvé forcé de payer les impôts, sans avoir pu encaisser ses loyers.

Voilà un des avantages que peuvent avoir les propriétaires d'immeubles en Egypte !

L'article 99 du Code de Procédure Civile ordonne aux Juges d'être présents à la lecture de leurs jugements. La Cour a, par son arrêt (Voir tome VI, page 114) dispensé les Magistrats de l'observance de cette prescription de la loi.

Les Magistrats ont également confisqué les articles 9 du Règlement d'Organisation Judiciaire, et 5 du Code Civil qui prescrivent que : « le Statut Personnel est

» en dehors de la compétence des Tribunaux Mixtes.»

Je pourrais indiquer un très-grand nombre de jugements, pour démontrer, que ces deux articles n'ont pas été respectés ; mais il suffira de citer l'arrêt du mois d'Avril 1886 Nasra, et Dimitri-Bey Abdou, par lequel il a été décidé non seulement une question de Statut Personnel, mais encore on a tranché un vrai conflit, qui s'était élevé entre deux autorités du Statut Personnel (Musulmane et Chrétienne) qui, sans le savoir, avait chacune désigné au même pupille un tuteur différent.

Par jugement en date du 16 Août 1877, le Juge Sommaire du Caire, pour juger une question de faillite et de Statut Personnel, a passé outre à l'article 6 du Code de Commerce, qui déclare le Juge Sommaire incompétent à connaître des questions de cette nature. — (DROIT, vol. Ier, page 323).

Les Magistrats, pour avoir le plaisir de déclarer que la Société Anonyme dite : « Crédit Foncier Egyptien est de nationalité étrangère ont annulé l'article 47 du Code de Commerce ainsi conçu :

« Les Sociétés Anonymes, qui se fonderont en » Egypte, seront toutes de nationalité égyptienne. »

(Voir arrêt 31 Janvier 1883 entre Crédit Foncier Egyptien et Daoud-Pacha Yeghen.)

Pour s'égayer un bon moment, je recommande la lecture de cet arrêt.

De même, pour arriver à déclarer et à donner aux Domaines de l'État et à la Daïra Sanieh (administration des terrains cédés au Gouvernement par la Famille Khédiviale), constituées sur des terrains, en Egygte, le caractère de personalité étrangère ou mixte, les Magistrats leur ont en quelque sorte appliqué le principe de l'exterritorialité, qui est un principe essentiellement personnel. — (Voir Arrêts du 7 Mars 1887 et 14 Mars 1888).

L'article 699 du Code Civil ordonne que le créancier hypothécaire doit saisir avant de procéder à la vente. La Cour a, par un arrêt reporté dans la Jurisprudence au tome IV, page 41, dispensé le créancier hypothécaire de faire la saisie ; par conséquent, elle a annulé l'article 699 susdit.

L'article 682 du Code de Procédure Civile ordonne que la revendication immobilière peut être intentée, mais seulement jusqu'à l'adjudication exclusivement, et ce, afin que tout le monde puisse concourir aux enchères publiques, sans crainte de perdre son argent, par suite d'une revendication.

Les Magistrats ont annulé cet article ; car par arrêt en date du 22 Février 1887, ils ont décidé que :

« La demande en revendication, ou en distraction » immobilière peut être faite non seulement avant » l'adjudication, mais même encore après ; car le » jugement d'adjudication n'a pas une force générale » et absolue. »

Cette jurisprudence non seulement a annulé l'article 682 susdit, et le suivant article 683, mais encore la maxime : « RES JUDICATA PRO VERITATE HABETUR.» De plus, elle a produit l'éloignement des enchérisseurs, et la baisse des mises à prix, et enfin la dépréciation de la propriété foncière ; car, en application de cette théorie, plusieurs acheteurs (adjudicataires) ont perdu et le prix payé et les immeubles achetés par voie de justice. (Voir également jugement Hoirs Diab contre Ibrahim Daoud dans le DROIT, vol. 1er, page 8).

Aslan Forte et Cⁱᵉ ont assigné Mohamed Effendi Thewfik par devant le Tribunal Civil, réclamant le paiement d'une lettre de change. Le défendeur Thewfik a fait défaut de comparaitre. Le Tribunal Civil, aux termes de l'art. 124 du Code de Procédure, aurait dû vérifier d'office si la demande était juste, et recevable : et, puisqu'il s'agissait d'une action commerciale, il aurait dû se déclarer d'office incompétent en obéissance à l'article 149 du même Code, et renvoyer l'affaire, devant qui de droit. Au contraire, le Tribunal a condamné le défendeur défaillant. Le demandeur Aslan, mécontent lui-même de ce jugement qui lui donnait gain de cause, en a fait appel. La Cour, appréciant d'office, et en l'absence de Thewfik intimé, pour la seconde fois défaillant, a reconnu l'incompétence des premiers Juges, et, néanmoins, au lieu de renvoyer le demandeur à se pourvoir par devant le Tribunal Commercial de Première Instance, a statué au fond, privant, par ce fait, le défaillant Thewfik du premier degré de juridiction, savoir : de l'opposition, et de l'appel.

Est-ce là, la vraie justice d'Egypte ?!!!

Le jugement du 10 Août 1887 n'est pas moins curieux à consulter, puisqu'il annule une vente d'un café, en disant que : « la vente d'un café est une » vente vaine, sans valeur et sans effet juridique. » Je ferai observer, en passant, que cette même vente avait déjà été déclarée valable, et confirmée par un précédent jugement passé en force de chose jugée. — (DROIT, vol. Ier, page 317).

Le Tribunal de la Justice Sommaire du Caire a jugé que : le défendeur comparant n'a pas le droit d'exciper la nullité de l'assignation. — (DROIT, vol. Ier, pages 278-279 et 325, qui relatent trois cas).

Au contraire, dans d'autres cas, le même Juge a annulé d'office les assignations.

En droit, le défendeur peut exciper la nullité de l'assignation quoique comparant (art. 24-153 et 154 Code de Procédure Civile).

Pourquoi le Juge s'arroge-t-il un privilège, ou un droit, qu'il a refusé aux défendeurs?

Le Tribunal du Caire, dans l'affaire de la dame Rosine baronne Issaverdens contre Hafez-Pacha a établi que : « l'assertion d'un huissier, dans un protêt » irrégulier que le débiteur avait promis de payer » sous peu, constitue un commencement de preuve » qui peut, suivant le cas, autoriser à déférer au » créancier le serment supplétoire. » — (DROIT, vol. Ier page 57).

— 63 —

Dans l'affaire Joseph Sultana contre El-Saïd Mohamed le même fait a servi à faire déclarer faux
DE PLANO, et sans instruction, ou preuve, le billet à
ordre déposé, quoique l'interprète, interrogé, ait
déclaré que, le billet était régulier et sans altéra-
tion.— (Voir Dossier, n° 1,239, XIII année judiciaire).
Et, circonstance aggravante, ce jugement a été inappelable, car la somme demandée n'était que de P. T. 5,231.

Et, ce qu'il y a de plus curieux, c'est que les trois
Juges européens, qui ne savent ni parler, ni lire, ni
écrire l'arabe, ont jugé faux ce billet, qui était écrit en
cette langue, ils ont pré   qu'on avait ajouté des
mots, et, de plus, quoique   défendeur ait déclaré
être débiteur d'une partie de la somme, on ne l'a pas
condamné à payer la somme qu'il reconnaissait
devoir.

La Chambre Civile du Caire, dans le jugement en
date du 23 Mai 1877 a jugé que :

« Les dépêches télégraphiques, une fois qu'elles
» sont publiées et mises en circulation, perdent leur
» caractère de propriété privée, et tombent dans le
» domaine public. »

Jolie théorie par laquelle la propriété se perd
aussitôt qu'elle a été aperçue !

Par le jugement du 12 Juillet 1887, le même Tribunal a déclaré, au contraire, que :

« La publication et reproduction des dépêches
» télégraphiques constitue une concurrence illégale. »
— (DROIT, vol. Ier, page 84 et 269).

Dans l'arrêt du 23 mai 1877 (DROIT, vol. Ier, page 51),
il est affirmé que la transcription est une condition
essentielle de la vente, l'arrêt du 12 avril 1888, entre
les Hoirs Youséphian contre Béyerlé et autres, il a été
jugé que :

« Un juste titre conserve toujours sa force, et n'a
» pas besoin d'être transcrit. »

Dans ce dernier arrêt, pour arriver à nier la
valeur d'un jugement passé en force de chose jugée,

on a par un sophisme déclaré que, les Tribunaux locaux indigènes sont des Tribunaux étrangers.

Dernièrement, en application de cette théorie, un bel esprit a proposé au Ministère de la Justice de déclarer personnes étrangères, ou mixtes, non seulement les Domaines de l'Etat et la Daïra Sanieh, (formées par les terrains égyptiens), mais encore les administrations égyptiennes des Chemins de fer, des Télégraphes, du Port d'Alexandrie, et les Douanes égyptiennes, et 5 Provinces, dont les revenus sont affectés au service de la dette, et ce, pour avoir le plaisir d'augmenter la compétence des Tribunaux Mixtes.

Avec de pareils raisonnements; ne pourrait-on pas aisément conclure que Votre Altesse est une personne mixte ou étrangère? car Vous êtes le Souverain d'un Etat, qui a une dette garantie par hypothèque, dont les obligations sont, en grande partie, placées à l'étranger.

Le tome V, page 27, de la Jurisprudence de la Cour, relate l'arrêt qui juge que les Tribunaux Mixtes deviennent incompétents, si la partie en cause, avec un sujet local, perd sa protection étrangère.

Au tome IX, page 27 se trouve un autre arrêt qui dit, au contraire, que les Tribunaux Mixtes ne perdent pas leur compétence, si un étranger, au cours du procès, vient à perdre sa nationalité de telle manière que toutes les parties se trouvent être des sujets locaux.

Je ne finirai plus, si je voulais relater la jurisprudence de la Cour non seulement en double, mais aussi en triple sens : pour le moment, je me limiterai à ce cas.

La Cour, au tome III°, pages 189 et 319 relate dans sa jurisprudence, qu'aucune opposition n'est recevable contre les jugements et arrêts, qui annulent la procédure.

Le volume VII, page 30 admet, au contraire, que l'opposition est admise contre les sentences qu'ont prononcé l'annulation de la procédure.

Il suffit de lire les dossiers et les jugements de Lucovich et des Hoirs Rossetti contre le Gouvernement, pour se rendre compte comment la justice a été rendue.

Aux Archives, il existe plusieurs dossiers avec des jugements, dont les gagnants n'ont pas pris copie, parce que ces jugements sont d'une exécution impossible, attendu que le Tribunal a décidé l'affaire d'une manière étrangère à ce qui avait été demandé, ou exposé par les parties.

Le journal « Il Messaggiere Egiziano » du 23 Juin 1886 prétend que la Cour réforme tous les jugements du Tribunal d'Alexandrie.

Il faudrait nommer une Commission pour vérifier, si la chose est vraie ; car dans ce cas, ce serait très-grave, et il faudrait en connaitre les motifs. De deux choses l'une : ou bien les Conseillers, ou bien les Juges de Première Instance ne savent pas juger, et, dans l'un ou l'autre cas, il faut pourvoir au changement des uns ou des autres.

Nous avons déjà parlé des irrégularités commises dans la Caisse des Tribunaux, et nous avons dit que le Parquet et l'Inspecteur Général doivent en être tenus responsables. Nous venons d'apprendre que, sur réquisitoire du Parquet, on a poursuivi le Greffier en chef et le Caissier, en se basant sur le vieux proverbe :

COSTUME ANTICO NON SI CANGIA,
IL PESCE GROSSO IL PICCOL MANGIA.

Pour persuader Votre Altesse de la véracité de ce que j'écris, je vais le prouver le Code à la main : en

transcrivant ici les articles 69-70-71 et 72 du Tarif, que
j'ai cités, à la page 41 précédente :

« Art. 69 — La perception des taxes est mise
» sous la surveillance du Ministère Public. Dans les
» premiers huit jours qui suivent la fin de chaque
» trimestre, le Greffier de la Cour d'Appel et ceux des
» Tribunaux devront présenter leur registre des
» quittances, le premier au Procureur général, et les
» autres à son représentant près les Tribunaux.

« Les chefs du parquet devront exiger, en même
» temps, la production de tous les actes et registres
» du Greffe qu'ils croiront nécessaire d'inspecter. »

« Art. 70 — Dans les vérifications trimestrielles on
» examinera non seulement si le registre est tenu
» régulièrement, ou s'il s'y trouve des altérations
» ou autres irrégularités, mais on recherchera sur-
» tout s'il y a eu abus ou omission de la part des
» Greffiers, si les additions ont été faites régulliè-
» rement et quel a été le montant des droits perçus
» pour les originaux d'une part, les copies et les
» transports de l'autre.

« Il sera dressé procès-verbal de ces vérifications
» sur le registre même, au verso de la page portant
» la dernière quittance délivrée pendant le trimestre
» écoulé. On constatera en même temps les verse-
» ments faits, la date et le numéro d'ordre des
» quittances. — Copie de ces procès-verbaux sera
» immédiatement transmise au Ministère de la Jus-
» tice. »

« Art. 71. — Les dispositions approuvées et ren-
» dues exécutoires le 27 Janvier 1876, par le Ministre
» de la Justice, d'ordre de S. A. le Khédive, seront
» observées pour tout ce qui concerne l'administra-
» tion des fonds judiciaires.

« Art. 72. — Outre les comptes prescrits par les
» dites dispositions, les Greffiers adresseront à la

» fin de chaque trimestre au Procureur Général pour
» être transmis au Ministre de la Justice les tableaux
» statistiques dont les modèles sont annexés au
» présent tarif. »

Donc le Ministère Public (Parquet) et, notamment,
son chef Afifi-Bey est disciplinairement responsable
des vols, ou irrégularités de la comptabilité ; car il
tient les clefs de la Caisse, et il doit attentivement
inspecter et vérifier les registres.

Du reste, ce n'est pas la première fois qu'il se
produit des irrégularités, pourquoi le Parquet n'a-t-il
pas proposé, jusqu'à présent, les moyens nécessaires
pour y remédier ?

Quand M. Brandi était caissier du Tribunal d'Alexandrie, on a constaté la disparition de trois à
quatre mille Livres Sterling.

Le Chef huissier de Tanta, quoiqu'il ait avoué
être l'auteur de nombreux détournements, et d'avoir
falsifié le Répertoire des huissiers et le Contrôle Général, a été déclaré innocent par la Cour d'Assises,
parce que le jury a voulu faire comprendre que le fait de
ces détournements était plutôt imputable à celui qui
était chargé de les surveiller.

La caisse du Tribunal de Mansourah, dans les
années 1884-1885, a également été l'objet de nombreuses soustractions, et je n'ai jamais ouï dire
qu'aucun procès criminel ait été introduit contre les
auteurs.

Ces faits prouvent jusqu'à l'évidence la négligence
du Parquet.

Je me propose de relater des faits qui feront connaître que la Cour et les Tribunaux ont oublié la
loi et la justice, en les convertissant en abus.

Ces erreurs prouvent dans quel abîme la Justice a
été précipitée, et à quel degré de misère les pauvres
Fellahs ont été réduits !...

Les dispositions du Code de Commerce Egyptien, pour ce qui regarde les lettres de change, et les billets à ordre, sont copiées sur les Codes français et italien.

Art. 8 du Code de Commerce égyptien. — « Néan-
» moins, les billets souscrits par un commerçant
» seront censés faits pour son commerce, lorsqu'une
» autre cause n'y sera pas énoncée. »

Art. 113 (du même Code). — « Sont réputées
» simples promesses les lettres de change contenant
» supposition de qualité. »

Il est donc établi que le billet à ordre est seulement commercial, lorsqu'il sera signé par un commerçant, pour des affaires ayant trait à son commerce, et même dans ce cas, il constitue une obligation civile, si une cause civile y est indiquée (art. 8 transcrit plus haut).

De plus, même une lettre de change souscrite par un supposé commerçant est une obligation civile (art. 113 transcrit plus haut). A plus forte raison n'est pas un acte de commerce, ou obligation commerciale, un « Séned », qui est une obligation à ordre, souscrite par un cultivateur indigène (fellah), au profit d'un Européen, pour prêts avec intérêts usuraires. Dans ce cas, nous n'avons ni une cause commerciale de l'obligation, ni la qualité commerçante de la personne obligée, qui sont les conditions indispensables pour constituer un acte de commerce.

La Cour a reconnu que : le mot A ORDRE ne qualifie pas l'obligation qui peut être civile, ou commerciale. Ce mot avait en Egypte une autre valeur ; celle de rendre cessible une obligation civile, sans la notifier et sans l'acceptation du débiteur cédé (l'acceptation étant indispensable aux yeux de la loi indigène) ; puisque, aux termes de cette loi : chaque cession implique novation.

Voici la jurisprudence de la Cour : « La clause

» à ordre est indépendante de la nature civile, ou
» commerciale du billet, elle entraîne toujours
» comme conséquence le droit de la transmettre par
» la voie de l'endossement, sans notification de la
» cession au cédé, qui, en acceptant la formule : à
» l'ordre, s'est engagé à payer à tout porteur régu-
» lier du titre.» — (JURISPRUDENCE, tome VI, page 108).

En outre, la Cour avait même arrêté que, non
seulement les billets à ordre sont des obligations
civiles, lorsqu'ils sont signés par des non-commerçants, mais aussi la lettre de change.

Voici, en cette matière la jurisprudence édictée par
la Cour :

« Les traites signées par un non-commerçant ne
» constituent pas un acte de commerce, d'après les
» nouveaux Codes Egyptiens. » — (JURISPRUDENCE,
tome 1er, page 8).

Il est donc bien établi que les " Séneds ", ou obligations à ordre, signés par un cultivateur indigène
(fellah), en faveur d'un Européen pour des emprunts
usuraires ne doivent jamais être déclarés actes de
commerce, puisqu'ils sont des obligations civiles.

Quoique le Code et la jurisprudence de la Cour, que
nous venons d'exposer, soient favorables aux pauvres
paysans égyptiens, il n'en est pas moins vrai que la
Cour a établi une autre jurisprudence, par laquelle
les propriétaires fonciers égyptiens ont été ruinés et
réduits à la misère.

Cette nouvelle jurisprudence n'a pas sa raison
d'être. On n'a pas assez réfléchi aux conséquences
qui en pouvaient résulter. Elle a complètement
changé la nature des actes de commerce, en méprisant
les dispositions du Code traitant de cette matière,
et, enfin, a anéanti sa première jurisprudence, en
affirmant contre le droit que les paysans égyptiens
doivent être assujettis à la loi commerciale, pour

l'unique raison, que leurs obligations " Séneds " contenaient le mot : A ORDRE.

Nous reproduisons pour preuves cette jurisprudence édictée par la Cour :

« " Un Séned ", fait à ordre, constitue un véritable
» billet à ordre, alors même, qu'il est seulemeut
» revêtu du cachet de son auteur ; dans la législation
» égyptienne, le cachet équivaut, en effet, à la
» signature.

» En outre, ce " Sened " n'emprunte pas le ca-
» ractère d'obligation civile à une déclaration faite
» devant le Mehkémeh, de laquelle il résulte que la
» créance a pour cause un prêt légal. » — (JURISPRU-
DENCE, tome II, page 152).

Une obligation civile, faite même par devant le Tribunal musulman (Mehkémeh), pour un prêt aux cultivateurs, est retenue par la Cour comme obligation commerciale, si par hasard, sur cette obligation se trouve écrit le mot malencontreux : A ORDRE.

Il faut maintenant examiner les fâcheuses consé-quences qui découlent de cette erreur juridique et volontaire faite par la Cour.

Les Fellahs ont été d'abord obligés de payer, en plus, 3 0/0 d'intérêt sur ces obligations ; car au lieu d'être retenues comme obligations civiles, ont été dé-clarées par erreur actes de commerce.

En second lieu, les jugements contradictoires et par défaut intervenus sur ces obligations avaient le privilège de l'exécution par provision. Il arrivait par conséquent, que le faux créancier avait déjà expro-prié le Fellah, tandis que ce dernier était encore en train de faire juger son affaire par la voie de l'op-position ou de l'appel.

Lorsque le Fellah avait gagné son procès, il se trouvait en présence de son faux créancier qui avait déjà revendu à un tiers les terrains expropriés.

Cette manière de ruiner le Fellah ne suffisait pas encore,

Un autre moyen a été trouvé pour rendre pire la condition des propriétaires indigènes. Je vais l'expliquer.

Il est d'habitude, en Egypte, que le Fellah emprunte de l'argent pour l'employer à l'exploitation de ses terres.

Il souscrit alors au prêteur un " Séned " A ORDRE pour la somme entière ; le plus souvent, il lui restitue à chaque récolte des à-comptes sur ce même " Séned ".

Une autre jurisprudence a fait perdre aux Fellahs ces à-comptes payés aux créanciers primitifs, et les a obligés à payer une deuxième fois au cessionnaire du " Séned ".

Voici cette jurisprudence :

« Le souscripteur d'un billet à ordre ne peut
» opposer aux tiers-porteurs de bonne foi les excep—
» tions ou les compensations, qu'il aurait pu faire
» valoir envers le créancier primitif. »

Comment le Fellah peut-il prouver que le tiers-porteur est de mauvaise foi, afin d'avoir le droit de compenser les à-comptes déboursés ?

Les Fellahs ont été exploités par cette pratique, de 1876 au 9 avril 1887. Un immense cri d'indignation et de protestation s'était déjà élevé, lorsque la Cour, pour éviter la terrible responsabilité dans laquelle elle était tombée, et pour se sauver de l'orage de l'opinion publique, pensa à commettre une autre erreur pour cacher les premières.

La Cour, en s'appuyant sur l'article 12 du Code Civil, qui lui donne le droit d'introduire des modifications au Code, a proposé et obtenu d'ajouter à l'article 114 du Code de Commerce, après les mots : DES FILLES, les mots suivants : OU DE SIMPLES CULTIVATEURS INDIGÈNES.

En outre, elle a obtenu d'ajouter à l'article 196 du même Code après les mots, LETTRES DE CHANGE, les

mots : ET CONCERNANT LA CAPACITÉ DES SOUSCRIP-
TEURS, ENDOSSEURS ET ACCEPTEURS.

Ces deux petites additions n'ont rien changé à
l'esprit du Code, qui, en vertu des articles 8 et 113 du
Code de Commerce plus haut exposés, non seulement retient comme obligation civiles les " Séneds "
à ordre des Fellahs ; mais encore toutes les lettres de
change et billets à ordre souscrits par des non-commerçants. En force de la première jurisprudence de
la Cour, on doit conclure la même chose.

La Cour, en faisant ces deux adjonctions, aurait
dù chercher à en faire bénéficier tous les non-commerçants ; tandis qu'au lieu de cela, ces additions
ont été la cause d'une autre injustice. Ces modifications concernent seulement les Fellahs, alors que
les autres non-commerçants, les employés, par
exemple, doivent toujours subir la loi exceptionnelle
du Code de Commerce, quoique souscrivant une obligation civile, mais A L'ORDRE.

Par ce qui précéde nous avons donné la preuve que
les deux prescriptions, introduites dans le Code de
Commerce, n'ont rien changé ni au Code, ni à la
première jurisprudence de la Cour. Il faut, par conséquent, conclure qu'elles ont été édictées exclusivement pour justifier la ruine des Fellahs, et pour sauver
la responsabilité des Magistrats, qui ont changé
arbitrairement leur première jurisprudence, qui était
favorable aux Fellahs, pour les réduire à la misére.

Pour compléter la ruine des Fellahs n'était-ce pas
encore suffisant ? Ne suffisait-il pas de faire payer le
3 0/0 en plus sur le taux des intérêts ? Ne suffisait-il
pas de les accabler avec l'exécution provisoire des jugements intervenus ? Ne suffisait-il pas de leur enlever
le droit de réduire la dette par les à-comptes payés ?
Non ! Il fallait encore inventer une méthode très-ex-
péditive de les spolier de leurs terrains... sans même
qu'ils s'en aperçoivent.

C'est pourquoi les Magistrats ont, selon leur habitude,
et comme nous l'avons déjà dit à la page 60, oublié

d'appliquer l'art. 699 du Code Civil, qui ordonne au créancier hypothécaire de faire la saisie avant la procédure d'expropriation. Ces Magistrats, en outre, ont permis, que d'autres articles de procédure fussent exploités d'une façon très-habile, il faut en convenir, tandis qu'ils auraient dû proposer de les modifier, lorsqu'ils se sont aperçus des inconvénients, qu'ils causaient.

C'est, au contraire, le Gouvernement Égyptien qui a dû finalement intervenir pour faire cesser ces graves abus.

Voici l'histoire de cette malheureuse affaire :

Il existe un article (290 du Code de Procédure), qui donne permission au bénéficiaire d'une obligation de vexer son débiteur, même avant l'échéance du titre, pour faire reconnaître sa signature, ou son cachet.

Les Magistrats auraient dû proposer au Gouvernement l'abolition de l'article 290, vu qu'il a donné lieu à trois espèces de surprises, je dirai mieux : à des abus. Cet article peut être exploité par celui qui a une fausse obligation pour arriver plus aisément à exproprier les indigènes. Voici comment on procède :

On attend que le prétendu débiteur ne soit pas chez lui, on l'assigne ; naturellement, il fait défaut.

Alors, le faux créancier obtient un jugement, qui déclare que le cachet, ou signature, est bien du prétendu débiteur, voilà la première espèce de surprise.

Ensuite, en vertu de l'art. 682 du Code Civil, on prend hypothèque sur tous les biens du prétendu débiteur, avant même de lui signifier le jugement.

Voilà la deuxième espèce de surprise, car en supposant même, que la créance soit vraie, le légitime créancier n'a cependant pas le droit de rendre plus graves les conditions établies par lui avec le débiteur.

Si le créancier a concédé à une personne un prêt, à une échéance déterminée, sans garantie de gage, ou d'hypothèque, il n'a pas le droit de changer le contrat primitif, et de prendre par lui seul des garanties, avant l'échéance de la dette.

X

Nous avons une preuve de cette vérité dans les art. 766 et 767 du Code de Procédure, qui permet, par privilège, aux propriétaires de saisir les meubles de leurs locataires ; mais, seulement, si les loyers sont échus (art. 766), et l'art. 767 qui permet par privilège, au bénéficiaire d'une lettre de change, d'un billet à ordre de saisir les marchandises de son débiteur commerçant, mais, à condition, que la dette soit échue, et le titre protesté.

Si, dans tout le Code, il n'est permis qu'à deux personnes, le propriétaire et le porteur d'un effet de commerce protesté, et ce par un privilège spécial, de prendre la seule garantie de saisir uniquement les meubles de leurs débiteurs, après l'échéance de la dette, de quel droit les Magistrats Mixtes ont-ils permis aux créanciers ordinaires de prendre des garanties, des hypothèques sur les immeubles de leur débiteur, et même avant que la dette soit échue ?

Dans tous le cas, en supposant, que l'art. 682 susdit justifie cette énormité, les Magistrats de la Réforme auraient dû proposer au Gouvernement de le modifier, dès son principe. Enfin, voici le troisième, et le plus grave des abus.

L'art. 699 du Code Civil dit que : " A l'échéance " de la dette, le créancier hypothécaire peut procéder, " dans les délais et formes indiquées au Code de " Procédure, A LA SAISIE et à la vente de l'im- " meuble hypothéqué. »

Donc il faut bien comprendre que pour vendre un immeuble hypothéqué, il est nécessaire :

1° Que la dette soit échue ;

2° Que la procédure d'expropriation soit précédée de la SAISIE immobilière.

Cependant les Tribunaux et la Cour ont toujours permis à un créancier hypothécaire de vendre les immeubles hypothéqués, sans saisie préalable ; et, lorsque l'hypothèque était prise en vertu d'un jugement par défaut en vérification du cachet, même sans que la créance soit échue ; sans qu'un jugement de condamnation à payer soit intervenu ; sans

vérifier la créance, et, quelques fois, après que le
même jugement par défaut était devenu nul de plein
droit par défaut d'exécution dans les six mois, en
vertu de l'art. 389 du Code de Procédure.

Dans le cas d'hypothèque, la procédure de vente
était limitée à la notification du titre avec commandement, et après huit semaines, l'immeuble pouvait
être vendu, et le pauvre exproprié n'avait autre-
ment connaissance de l'expropriation que par l'avis
d'affiche, ou placard, qui fixait le jour de la
vente.

Mais, à cette époque, même en supposant qu'il
ait reçu personnellement cet avis, il n'avait plus droit
à faire des observations sur la créance ; car elle était
déjà passée en force de chose jugée.

Voilà comment plusieurs propriétaires ont perdu
leurs terrains, même quelquefois, sans être débiteurs.

Une enquête sérieuse donnera la preuve de cette
affirmation.

Les Magistrats sont donc responsables des dommages causés pour avoir permis l'expropriation sans
la faire précéder par la saisie ordonnée par l'article 699 du Code Civil.

Ces Magistrats pour se justifier prétendent que cet
article, n'étant pas copié dans le Code de Procédure,
ne devait : ni être pris en considération, ni être
appliqué.

Il est absurde d'abord de prétendre, que les dispositions du Code Civil ne sont pas valables, si elles ne
sont pas répétées dans le Code de Procédure.

En outre, les principes généraux de droit ordonnent, que les prescriptions du Code Civil priment
toutes les dispositions des autres codes ; et s'il y a
obscurité, ou silence dans les autres Codes, il faut
recourir au Code Civil afin de les éclarcir, et lorsqu'il
y a contradiction entre deux codes, le Code Civil
doit être préféré, et obéi exclusivement.

L'arrêt du 1er Juin 1887 Bissiouni contre Kyriako
et Joannides a créé une nullité qui n'est pas indi-

quée dans l'art. 689 de Code de Procédure, qui devait être appliqué. De plus on a fait dire à l'art. 662 du même code, que l'appel d'un jugement d'adjudication peut être fait dans les cinq jours de sa signification, tandis qu'il dit que, les cinq jours doivent partir du jour du prononcé du jugement. — (LE MONITEUR DU CAIRE du 19 Janvier 1887).

Pour terminer cette chicane, qui a ruiné tous les propriétaires indigènes, le Gouvernement a dû finalement intervenir ; mais, au lieu d'obliger les Magistrats à respecter le Code Civil (art. 699 répété à l'article 697 des modifications), il a préféré faire une nouvelle loi, qui est entrée en vigueur seulement le 13 Avril 1887. Dans cette loi, l'hypothèque judiciaire a été changée en un droit d'AFFECTATION, qui est concédé par le Juge sur certains immeubles suffisants à garantir la créance. La procédure de l'hypothèque judiciaire, à laquelle fut subrogée l'affectation, a été aussi bouleversée, sans nécessité, ni utilité. Ce n'était pas la procédure, ni la loi qui devaient être changées, mais on aurait dû seulement prohiber la jurisprudence illégale; et ordonner la rigoureuse application de l'article 699 susdit.

On prétend que l'affectation a été motivée par le fait que le créancier expropriait à un vil prix tous les biens de son débiteur, et que ce prix ne suffisait même pas à solder la dette.

La raison, pour laquelle les terrains se vendent à un prix dérisoire, consiste en ce que la Cour a annulé l'article 682 du Code de Procédure, qui défend la revendication, après l'adjudication. Cet article a été introduit en Egypte, à l'instar de l'Europe, pour cause d'intérêt public. En effet, une vente faite par autorité de justice ne doit jamais pouvoir être annulée ; car le Tribunal doit vérifier d'office et faire constater : 1° que les immeubles appartiennent réellement à l'exproprié ; 2° que toutes les formalités de la procédure ont été observées. Ce serait se moquer de la Justice, et la Justice se moquerait du monde, si elle permettait que l'on procédât à des ventes aux enchéres, ou judiciciaires, qui ne seraient pas revêtues du caractère de l'absolue valabilité. De même, cet article a été, en outre, introduit, pour assurer et garantir à l'adjudicataire, qu'il ne sera jamais dépouillé de son achat, après en avoir payé le prix. Il a été introduit aussi pour obtenir, par ce moyen, un plus grand concours d'acheteurs dans les enchéres.

Au lieu de cela, la Cour a, même plusieurs fois, permis de revendiquer les immeubles expropriés dans les cinq années, après l'adjudication. De telle manière, que beaucoup de personnes ont perdu les terrains qu'elles avaient achetés et le montant du prix qu'elles en avaient payé.

C'est pour cette seule raison, que tout le monde s'est abstenu de concourir aux adjudications, qui, en vertu de cette jurisprudence, pouvaient devenir un guet-apens.

Ces modifications n'ont pas défendu (ce qu'elles auraient dû défendre) de prendre hypothèque avec un jugement seul de vérification de cachet; en outre, elles ont produit un nouveau travail inutile au Président du Tribunal, qui ne peut pas exercer son droit, de limitation, car il n'a aucun indice, ou règles pour fixer la valeur des immeubles, dont on demande l'Affectation.

Enfin, elles constituent une violation flagrante du principe général de droit, qui énonce que tous les biens du débiteur doivent former la garantie de son créancier.

Qu'un Président, en effet, s'avise, un jour, de limiter l'Affectation, qui est demandée par un créancier, à une partie seule des immeubles du débiteur, et qui lui sont indiquées comme étant sa propriété. Qu'en résulterait-il ? si la vente de ces immeubles en justice n'arrivait pas à couvrir le montant de la créance réclamée; et que, pendant ce temps, le débiteur se soit dépouillé du reste de ses immeubles ?

Est-ce le Président qui en paiera la différence, ou bien la Caisse du Tribunal; ou, enfin, le créancier doit-il perdre le solde impayé de sa créance? Nous adressons ces question à Votre Ministre de la Justice, et à MM. les Magistrats de la Cour.

Je ne finirai pas, si je voulais relater toutes les erreurs des Magistrats.

Pour terminer, je prouverai que la Cour a été si inconsidérée, qu'elle en est arrivée, avec sa jurisprudence, à affirmer, que les dix-neuf vingtièmes de ses archives du Greffe des hypothèques sont nuls.

Voici comment : il faut observer que les terres privées en Egypte sont divisées en deux catégories : les biens ouchouris, dits MOULKS, en arabe, sur lesquels les particuliers ont un droit de propriété complète, et absolue, (le DOMINIUM du droit romain); et les terrains KHARADJIS, dont la propriété appartient à l'Etat ; et sur lesquels les particuliers n'ont qu'un simple droit d'usufruit.

Les biens ouchouris sont des terres très-fertiles, qui ont été données ordinairement en cadeau par la générosité de Vos ANCÊTRES à leurs employés, ou domestiques, et sur ces terrains ne pèse qu'un impôt annuel de 15 à 50 Piastres Tarif par feddan (4,200 mètres carrés).

Avec les terrains ouchouris, on formait les abadies.

Les terres kharadjis étaient abandonnées, et le Gouvernement les concédait aux cultivateurs, que les lui retournaient après leur décès.

Sur ces terrains, on payait les impôts, ou loyers annuels, à raison de Piastres Tarif 100 à 150 par feddan.

Les terrains kharadjis étant abandonnés, le Gouvernement a obligé les Chefs des villages à les prendre par force, et à les cultiver pour leur compte. Par la suite ces terrains ont été, en outre, concédés aux héritiers du cultivateur décédé, et, dernièrement, Votre Gouvernement les a concédés en héritage aux occupants. Aujourd'hui ces terrains sont devenus une véritable propriété privée.

Les biens ouchouris ne pouvaient se vendre que

moyennant un taksit, ou hodget, délivrés par un grand Mehkémeh.

Le hodget est un procès-verbal de ce qui a été déclaré par les contractants, et leurs témoins, suivi d'un jugement, par lequel le Cadi constate la vente faite verbalement, et attestée par les témoins.

Cette pièce était délivrée par le Cadi, et ne contenait pas la signature, ou cachet des parties, ni des témoins.

Pour la transmission des terrains kharadjis, on a inventé une espèce de contrat, qui n'existe pas dans le droit européen, quoiqu'il s'approche à l'antichrèse.

Ce contrat s'appelle " Garouka ". Il consiste à céder à réméré, pour un temps indéterminé, moyennant un prix des terrains kharadjis à l'acheteur. L'acheteur s'approprie tous les fruits non en compensation des intérêts de son argent, puisque les intérêts sont défendus en droit musulman, mais pour ses peines et fatigues de culture, et conservation du terrain, le droit de possession d'un terrain kharadji se perdant, après cinq années, s'il est abandonné.

Pour cette vente, un hodget n'était pas nécesaire, il suffisait simplement de faire un contrat verbal, pourvu qu'il fût porté à la connaissance de la Moudirieh (art. 7 de la loi territoriale). Plus tard, par l'article 9 de la même loi, on a décidé qu'il fallait un hodget. Cependant les greffes de transcription et hypothèques des Tribunaux Mixtes ont toujours permis aux cultivateurs de vendre leurs immeubles par actes sous seing-privé, sans être revêtus du cachet de l'acheteur. Les Magistrats et le Parquet, qui ont été chargés de créer les Bureaux de transcriptions et hypothèques, et de les surveiller, n'ont jamais défendu aux employés : ni de recevoir ces actes, ni de les transcrire ; mais, au contraire, ils les ont acceptés, et reconnus pour valables, en percevant sur chaque acte 5 0/0 sur le prix de la vente, en plus des droits de transcription. Ce sont ces mêmes revenus qui ont servi à payer les appointements des Magistrats.

Ces actes ont toujours été transcris sans aucune observation.

Cet usage, quoique contraire à la loi territoriale, cependant, en vertu de ce principe LONGA CONSUETUDO PRO LEGE HABETUR était devenu légal, car la loi territoriale est une ancienne loi, qui n'a pas été insérée dans le Code, tandis que le Code avait introduit une autre théorie, contraire à la loi territoriale, mais conforme au droit musulman, qui admet que tous les contrats, y compris celui de la vente, peuvent être faits verbalement.

Le Code Civil français, au contraire, à l'art. 1341, ordonne qu'il faut un écrit pour tout contrat, qui dépasse 150 francs.

Le Code Civil italien ordonne aussi que les ventes immobilières doivent être faites par actes authentiques, ou par actes sous seing-privé.

Le législateur égyptien a copié le Code français, mais entre l'article 1583 et l'article 1584, il a inséré deux nouveaux articles, savoir l'article 302, qui permet que : toute vente peut être faite sous seing-privé (écrit), et l'article 303, qui ajoute que la vente peut être faite verbalement et même par signes.

Ni le Code, ni la jurisprudence française ne peuvent donc pas être appliqués en cette matière.

En effet, pendant dix ans, les Tribunaux ont continué à percevoir le 5 0/0 sur ces actes, qu'on appelle en arabe : "chartieh"; car ils sont écrits sur un papier timbré exprès, et, jusqu'à présent, ils continuent à les laisser transcrire. Ces actes forment plus du 19/20 des actes qui existent aux archives des Tribunaux.

Le 15 Février 1886, le Tribunal du Caire a commencé à annuler la "chartieh" (vente) de Ghirgis Khalil, sous prétexte que dans cette "chartieh" ne figurait pas le cachet de l'acheteur.

Les Magistrats sont tombés dans une très-grave erreur; car ils ont voulu appliquer contre raison la loi et jurisprudence françaises.

Je dis : sous prétexte, car il n'y a pas une loi qui

ordonne que l'acheteur doit signer en même temps que le vendeur.

Au contraire, dans les ventes faites par lettres, non seulement il n'est pas nécessaire que les parties signent le contrat dans le même temps, mais aussi le consentement d'une partie arrive toujours après l'autre, ce qui prouve que même le consentement ne doit pas être donné simultanément par les deux parties.

Je pense que l'acheteur a suffisamment prouvé d'avoir consenti la vente pour en avoir payé le prix, et pour avoir pris possession des immeubles par lui achetés; et, enfin, par le fait d'avoir entre ses mains le titre, qu'il a eu soin de faire trans crire, pour faire valoir ses droits de propriété, et de préférence contre les tiers.

Quant au fait matériel de l'absence de son cachet, il est toujours à temps de le réparer en cachetant sa " chartieh", même après le jugement de Première Instance, mais avant l'appel.

Malheureusement la Cour, par son arrêt en date du 17 Mars 1887, signé par le Président Korizmicz, dans l'affaire Isimaratos contre Sophia, a confirmé cette erreur. (Voir aussi arrêt 16 Février 1887, Faillite Polidis contre Hassanein-el-Wékil).

Cette jurisprudence désastreuse aboutira à rendre incertaine toute propriété, et préparera une catastrophe en Egypte.

La Cour a mis tous les acheteurs par " chartieh " sous le coup d'être expropriés, et de perdre leur argent, et ce, pour avoir voulu introduire une jurisprudence, qui est évidemment en opposition avec les articles formels du Code Civil Egyptien, transcrits plus haut (302 et 303).

Comment les Magistrats n'ont-ils pas eu la sagesse de comprendre qu'avec une pareille jurisprudence, ils allaient arriver à annuler les Archives, qui ont été installées et dirigées par eux, et qu'ils étaient chargés de conserver intactes ?

Pourquoi les Magistrats, qui ont la haute surveillance sur les transcriptions, après cette jurisprudence n'ont-ils pas défendu au Greffier des hypothèques de continuer à accepter ces " chartiehs " qui sont devenues nulles ?

Pourquoi continue-t-on à tromper le monde, en lui faisant payer le 5 0/0 sur des actes qui, aux termes de la jurisprudence de la Cour, n'ont plus aucune valeur ?

Si, toutes ces personnee se présentaient pour demander la restitution du 5 0/0 indûment payé, que ferait le Gouvernement de Votre Altesse ? Où les Tribunaux pourraient-ils retrouver cet argent, qui a été absorbé par les appointements des ses Magistrats ?

Dans cette question très-sérieuse et malheureuse, il y a encore le côté comique ; car le Tribunal du Caire ne veut plus respecter la jurisprudence de la Cour, dont il en a été l'auteur, et tout dernièrement par 4 jugements en date du 30 Janvier 1888, nᵒˢ 2,027-2,028-2,029-2,030 du Rôle Général, XIIᵉ année judiciaire, il a déclaré : que les contrats " chartiehs " sont toujours valables, même lorsque n'y figurent ni le cachet, ni la signature, ou acceptation de l'acheteur.

On pense que, les Magistrats ont décidé de cette manière : 1º pour obliger les parties, qui ont perdu en Première Instance à faire appel devant la Cour pour bénéficier de sa Jurisprudeuce sus-indiquée ; 2º pour se procurer plus d'argent dans la caisse, qui sert à payer leurs appointements.

Quoique je sois lassé de Vous répéter des choses toujours plus désagréables à entendre les unes plus que les antres ; je ne puis cependant terminer, sans relever encore deux erreurs, tout aussi graves ; car elles ont, en quelque sorte, abrogé les Capitulations, et les Traités internationaux en vigueur, en déclarant :

1º Que le Soudan fait partie de l'Egypte, tandis que le Soudan a toujours été une province turque, dont la seule administration a été donnée à S. A. le Khédive d'Egypte, et sans droit de transmission par héritage.

La preuve de cette erreur commise par la Cour est dans le firman du Sultan, en date du 21 Zilkédé 1256 (13 février 1841), qui confère au Khédive l'administration de la Nubie, du Darfour, du Kordofan, et du Sennaar, sans hérédité, et qui est ainsi conçu :

« Mon Vizir (c'est-à-dire Khédive), ainsi que le
» porte un autre firman Impérial, je vous ai confirmé
» dans le Gouvernement de l'Egypte à titre hérédi-
» taire, avec quelques conditions et certaines limites,
» de plus, je vous ai accordé, sans hérédité, le Gouver-
» nement des Provinces de la Nubie, du Darfour,
» du Kordofan et du Sennaar, avec toutes leurs dépen-
» dances, c'est-à-dire avec tous les attenants, hors
» des limites de l'Egypte, etc., etc.

2° Que le Gouvernement Egyptien a le droit de contraindre par force un étranger à quitter le Soudan et ses affaires en six jours, et à partir en exil sans aucun motif justifié, sans intervention consulaire, et même sans informer le Consul, dont relève l'expulsé. — (JURISPRUDENCE, tome VII, page 61).

Quatre ans après, la Cour par l'arrêt Verdet en date du 20 Janvier 1886, a oublié sa jurisprudence susdite pour affirmer :

« Qu'en vertu des Capitulations, le Gouvernement
» Egyptien n'a pas le droit de toucher aux étrangers,
» et que dans le cas qu'il y aurait quelque juste motif
» de nécessité d'entrer dans la maison d'un étranger,
» il faut d'abord que son Consulat soit avisé, et lors-
» que le Consulat refusera d'assister le Gouvernement,
» ce dernier pourra alors se faire assister par les Tri-
» bunaux de la Réforme. »

Les Magistrats ont-ils donc le droit de s'imposer aux Consuls ?

Dans la première affaire de l'exil, les Tribunaux se sont imposés au Consulat Général d'Italie qui, par son protêt, et par la correspondance échangée, avait déjà jugé la question diplomatiquement en décidant, que le Gouvernement égyptien avait abusé de son pouvoir ; car il n'avait pas le droit de toucher à un Européen.

Une question semblable s'est élevée, à propos de l'exécution d'un jugement, entre le Tribunal du Caire et le Consulat de France. Le Tribunal voulait s'imposer au Consulat ; il faut par conséquent établir des règles, afin d'éviter que de pareils conflits se produisent. — (Voir le MESSAGGIERE EGIZIANO du 4 Juin 1885, qui rapporte cette affreuse contestation).

On ne peut pas examiner l'arrêt du 11 Avril 1888 (Antonopoulo et Gouvernement Egyptien) sans sourire des considérations qui y sont exposées. D'abord il est constaté que : d'après les Capitulations, et les Traités internationaux, les étrangers jouissent du droit de séjour sur le territoire égyptien ; et que le Gouvernement, en exilant Antonopoulo, l'a privé de l'exercice de ce droit, et, par conséquent, a porté incontestablement atteinte à son droit acquis. Que les Tribunaux n'ont pas le droit d'apprécier cette mesure ; mais qu'ils sont cependant compétents, au terme de l'article 11 du Règlement d'Organisation, pour juger des dommages causés.

Ensuite, la Cour déclare que : l'exil est pleinement justifié par l'opportunité reconnue par le Gouvernement, et que cette mesure n'a pas engagé la responsabilité du Gouvernement.

Enfin, elle conclut dans son arrêt, en prétendant que l'exercice des griefs susdits tombe dans le ressort de la diplomatie, et elle déboute Antonopoulo de sa demande de dommages-intérêts.

La Cour, par cette sentence, a distancé Salomon lui-même, en inventant une logique nouvelle — très-commode — qui paraît donner raison à tout le monde ; mais, en lisant attentivement on ne rencontre que de flagrantes et monstrueuses contradictions. En effet, cet arrêt est divisé en trois parties, ou raisonnements. En substance, il dit à peu près ceci :

" Antonopoulo a raison " (1re partie). — " Non ! c'est
" la partie contraire qui a raison " (2me partie). —
" Non ! ni l'un ni l'autre n'ont raison ; cette affaire
" doit se vider par la voie de la diplomatie. "
(3e partie).

Je propose humblement à la Cour d'envoyer à la
prochaine Exposition Universelle de Paris ces trois
derniers arrêts pour le concours du premier
Prix de Logique (Philosophie).

Les règles sur l'Assistance judiciaire ont abouti :
1° à commettre des injustices au préjudice des malheureux, comme dans l'affaire suivante : Ibrahim
Chirazi, après avoir été admis à l'Assistance Judiciaire, se l'est vu refusée de nouveau, par suite du
décès de son défenseur, Me Corin, et le pauvre Chirazi a dû perdre sa créance ; 2° à faire perdre d'une
façon constante au Trésor les frais anticipés : dernièrement, pour éviter cet inconvénient, un ordre supérieur a enlevé aux pauvres l'Assistance Judiciaire
immédiatement après qu'ils ont obtenu le jugement
de condamnation, et on prétend les obliger à payer
d'avance les frais de mise à exécution du jugement.
Le pauvre, qui n'est pas devenu plus riche par le
jugement de condamnation, est forcé de perdre sa
créance. Cette interprétation de la loi sur l'Assistance
Judiciaire n'est-elle pas ridicule et honteuse ? 3° à
obliger un avocat à défendre une cause malgré lui,
et, souvent, contre son opinion personnelle.

Je crois qu'il serait préférable de laisser à la conscience des avocats cette question de l'Assistance Judiciaire. Et, lorsqu'un pauvre se présente chez un
avocat, muni d'un certificat d'indigence, délivré par
l'autorité dont il relève, et que l'avocat juge que le
pauvre a raison, l'avocat acceptera sur son honora-
bilité de plaider l'affaire, et il présentera à la caisse
du Tribunal le certificat pour être dispensé de payer
les frais à l'avance. Dans ce cas, l'avocat sera tenu responsable du recouvrement des frais envers la caisse
au cas, où il viendrait à gagner le procès. Et on fe-

rait une question disciplinaire, si un avocat se permettait d'ennuyer le monde, sous prétexte de défendre les pauvres.

On pourrait encore tenter un autre système, après
avoir aboli l'Assistance Judiciaire. Permettre aux
pauvres de céder une partie de leur créance à l'avocat qui se chargerait de plaider, et s'obligerait, à ces
conditions, à faire tous les frais du procès.

Il se trouvera toujours des avocats et, notamment,
des stagiaires, qui accepteront de plaider pour les
pauvres dans les conditions sus-indiquées, et sous le
contrôle de l'avocat au cabinet duquel ils restent at-
tachés.

La disparition de l'huissier Serra a grandement
affaibli l'autorité morale des Tribunaux Mixtes, et il
est nécessaire de la rétablir très-promptement.
L'huissier Serra a disparu dans l'exercice de ses fonctions.

Le Tribunal Mixte a constaté le fait de cette disparition, pendant que l'huissier était en mission. Une
exemplaire et prompte justice aurait dû être faite,
pour décourager ceux qui auraient eu jamais la pen-
sée de s'en prendre à la personne des huissiers, des
agents, ou même des Magistrats du Tribunal, en
général. Au contraire, M. Afifi-Bey, substitut du
Procureur Général au Caire, et M. Prunières, vice-
président du Tribunal Mixte, n'ont rien découvert, de
ce qu'il était nécessaire de découvrir, pour donner
un exemple mémorable et public.

Quoique une lettre de la personne uniquement intéressée dans cette sombre tragédie ait été trouvée
par la police. Cette lettre était l'ordre qui a motivé
la disparition manifestement criminelle de Serra.

Quoique une dépêche du Gouverneur de Ghirgueh,
et une expertise médicale aient confirmé, qu'un
crime avait été commis.

Quoique plusieurs personnes, à la suite de ces
faits, et sur lesquelles pesaient les charges les plus
lourdes aient été écrouées, elles n'ont pas tardé à

être bientôt relachées, et depuis lors, la Justice a procédé de la sorte que tout le monde a été reconnu innocent, et finalement a été acquitté.

En attendant, l'infortuné Serra a pris la route des cieux !... et le Parquet et les Magistrats ont dépensé plus de 20,000 francs pour frais inutiles, à la charge du Trésor de l'Etat. Cette impunité des criminels ne pourrait-elle pas servir d'encouragement aux esprits irrités, qui pourront être dépouillés par un jugement erroné ? Mais ce que j'en dis pour le moment suffit. Je me réserve d'entrer dans de plus longs détails plus tard, et j'arrive à la juste conclusion, qui découle de tout ce qui précède.

La vérité en philopsohie, et en droit, ne peut être découverte que par le choc des idées contraires, et par une discussion approfondie. Je livre à de plus compétents que moi, à la sagacité et au talent du Parquet, et de MM. les Magistrats, le soin d'arrêter sur ces quelques données un système plus parfait et plus approprié de celui que j'ai proposé, s'il est possible ; car, il est très-urgent qu'une bonne Justice soit faite, pour que la confiance publique puisse renaître, et le commerce prospérer en Egypte.

CONCLUSIONS

Je pense que si on ne réforme pas les lois existantes des Tribunaux Mixtes, et si on ne réorganise
pas l'administration de la Justice, dans très-peu de
temps, nous verrons se produire deux faits très-mal-
heureux, savoir : 1° que les parties, qui n'ont pas pu
faire reconnaître leurs droits, malgré leurs justes raisons, se verront contraintes de chercher un autre
moyen, et, peut-être même elles recourront à l'ULTIMA
RATIO RERUM ; 2° que, par suite de la discorde ouverte, qui règne déjà sur plusieurs théories entre les
Tribunaux indigènes, et le Grand Cadi qui régit le Mehkémeh (Tribunal de la loi Musulmane), et les Tribunaux de la Réforme, il n'y aura plus de justice possible.
Ces Tribunaux en sont déjà arrivés à un point à ne plus
respecter, ni l'un, ni l'autre, les jugements, passés en
force de chose jugée, rendus respectivement par
chacun d'entre eux. Il se produira donc une telle
confusion, un tel galimatias dans l'administration de
la Justice, en Egypte, qu'on ne saura plus à quoi s'en
tenir. Ceux qui auront des droits à poursuivre cher-
cheront, avec des cessions simulées, à assigner leurs

adversaires par devant l'une de ces trois juridictions, qui leur paraîtra la plus favorable. De cette manière, la confusion sera portée à son comble. On en arrivera à un tel point qu'un Tribunal (ce qui, du reste, est déjà arrivé) annulera ce que l'un des deux autres aura décidé.

Je conclus donc, en affirmant, qu'il est nécessaire et indispensable de réformer au plus tôt les Tribunaux de la Réforme, avant qu'il n'arrive de nouveaux et plus graves inconvénients. Il est urgent de nommer une Commission sérieuse et capable, avec mission de procéder à une enquête rigoureuse sur les faits et gestes de MM. les Magistrats :

1° Pour rechercher pourquoi ces Messieurs n'ont pas cru devoir se réformer eux-mêmes, jusqu'à ce jour ; ni apporter à l'expiration de la première période quinquennale les modifications, qui s'imposaient à la suite de cette expérience, dans les Codes, conformément aux articles 12 du Code Civil et 37 du Règlement d'Organisation Judiciaire ;

2° Pour relever quels sont les accrocs, qui ont été faits à la loi, pour avoir oublié le texte, ou pour l'avoir modifié, ou pour l'avoir substitué par le caprice, et vérifier quelle est la raison d'être, l'origine et la nature des principes nouveaux, et souvent contraires, qui ont été introduits par les jugements, et arrêts, au mépris des mœurs, et coutumes du pays, en violation de la maxime : LONGA CONSUETUDO PRO LEGE HABETUR (l'habitude fait loi) ;

3° Pour vérifier rigoureusement si les nombreuses erreurs, et les contradictions qui ont été commises l'ont été pour cause mentale, ce qui signifierait dans ce cas incapacité, ou pour cause volontaire, ce qui signifierait alors mauvaise foi, voire même pis encore ;

XII

4° Pour savoir aussi à qui incombe la responsabilité de tous les abus qui existent dans le service des huissiers et des greffes ; qui est responsable des taxes, qui ont été indûment perçues depuis treize ans, ainsi que nous l'avons expliqué, à qui incombe, enfin, de répondre des vols qui ont été, à plusieurs reprises, et récemment encore, commis au Tribunal du Caire, au préjudice de la Caisse judiciaire ;

5° Pour faire la lumière sur la double, et quelquefois triple jurisprudence de la Cour sur une même question ;

Pour découvrir :

6° Comment MM. les Magistrats se sont arrogé le droit de donner des conseils à une des parties ;

7° Pourquoi ont-ils voulu violer le secret professionnel des avocats, pour connaître ce qui se passe dans leurs études, et les affaires de leurs clients ;

8° Comment ils se sont permis de faire dans le Règlement Général Judiciaire une violation flagrante au principe sacré de la non-rétroactivité des lois, alors que ce principe est consacré non seulement par tous les principes de droit, de toutes les nations civilisées passées et présentes, mais encore par l'article 40 du Règlement d'Organisation Judiciaire des Tribunaux Mixtes, et par l'article 2 du Code Civil Mixte de ces mêmes Tribunaux ?

Il faut absolument savoir :

9° Pourquoi la Presse, et notamment les publications de MM. les avocats Marinetti, Manusardi, Padoa Bey, et celle d'un anonyme, intitulée : LA CORTE DI APPELLO DI ALESSANDRIA D'EGITTO (1886, tipografia Anglo-Italiana), et autres encore, ont-elles proposé

le changement des lois, ou tout au moins des modifications à y introduire ?

10° Pourquoi les journaux ont-ils pris à partie
l'institution de la Réforme ?

LE BOSPHORE ÉGYPTIEN du 16 Avril 1887 annonce
que : « La Réforme Judiciaire est en danger :
» certes, elle n'est pas, et ne peut être l'idéal d'une
» bonne justice. »

Le MESSAGGIERE EGIZIANO du 13 Juillet 1888 affirme
que : « I Tribunali della Riforma costituiscono una
» miniera inesauribile di controsensi, d'incoerenze,
» d'ingiustizia, di abusi, di scandali, di atti di autorita-
» rismo, tali e tanti che sene potrebbero scrivere
» dei volumi. »

Le même journal du 17 Juin 1887 et 2 Juillet 1888
constate que la Cour a donné par des intrigues les
annonces judiciaires. Le numéro du 20 Juin 1886
constate que la Cour a commis une injustice dans
la distribution des mille huit cent vingt-une Livres
égyptiennes (francs 47,346) données par le Gouvernement, en faveur des petits employés.

Le journal ITALIA des 11 et 16 août 1888 dit : « Qu'il
» faut absolument modifier le Bureau des hypothé-
» ques et que le personnel y existant est insuffi-
» sant. "

Le journal IL MESSAGGIERO du 20 Juillet 1888
déclare, en outre, que : « Il nostro modo di vedere
» circa i Tribunali, lo abbiamo ripetutamente espresso.
» I Tribunali della Riforma, come sono attualmente,
» male organizzati, mal diretti, in balia ad abusi e
» soprusi, non sono all'altezza della loro missione,
» e con molta maggiore ragione li riteniamo inidonei
» ove si tratti di cose penali. »

Tout récemment, le journal Le Phare d'Alexandrie, à propos du projet de réforme, déclare :

« Que les Gouvernements intéressés avaient de-
» mandé de nombreuses et très-importantes modifi-
« cations au projet, qui leur est présenté, et cela, pour
» la simple raison, que ce projet est préjudiciable aux
» intérêts du Pays, aussi bien qu'à celui des Colonies
» européennes. »

Le journal Le Bosphore Egyptien des 4-5 et 10 Novembre 1888 a constaté de graves irrégularités au bureau du Tribunal Mixte du Caire ; il soutient qu'il y a négligence de la part des personnes responsables du Greffe, de la Caisse, et que les Règlements et les instructions sur le service du Contrôle ont été oubliés. Ces mêmes faits ont été confirmés également par le Phare d'Alexandrie du 4 Octobre 1888.

Pour arriver à constater la vérité de ce que je viens de relater, il faut interroger les avocats, les parties, le personnel inférieur des Tribunaux. Il faut examiner les jugements et arrêts, au moyen de l'inspection des dossiers, et des procès-verbaux d'audience, et il faut voir les registres des divers Greffes.

Et ce sera justice.

Altesse,

La Justice est le fondement des Royaumes, et Votre Très-Sage et Auguste Père a voulu en doter l'Egypte par l'introduction des Tribunaux Mixtes de la Réforme, dans ce Pays.

Ces Tribunaux ont ensuite réduit les Fellahs à la

misère par les expropriations à outrance, qui ont été faites, d'où, en premier lieu, il s'en est suivi : une dépréciation immédiate de la propriété foncière ; et en second lieu, insécurité dans la propriété adjugée par suite des conditions dans lesquelles ces expropriations ont été faites ; car, pendant cinq années, ces immeubles doivent rester toujours sous le coup d'une, ou plusieurs revendications.

La confiance commerciale et le crédit ont été ruinés, et la faillite générale est en perspective.

Pénurie dans le Trésor Public ; misère générale dans le Pays ; dépréciation du sol ; insécurité de la propriété ; perte de la confiance publique, et marasme des affaires ; scandales, injustices, et iniquités criardes de toutes sortes..... tel est le bilan des Tribunaux de la Réforme, après treize années d'installation et de fonctionnement.

C'est à Votre Auguste Altesse qu'appartient la lourde, mais glorieuse tâche, de pourvoir aux réformes des Tribunaux de la Réforme, afin de consolider la Justice dans le Pays, et éviter ainsi de nouvelles catastrophes.

Ce sera à Votre Gouvernement, et au patriotisme éclairé de Vos Ministres, notamment à S. E. Riaz-Pacha, Président du Conseil et à S. E. Fakry-Pacha, Ministre de la Justice — fonctionnaires intègres, sages et pratiques — qu'il appartiendra l'honneur d'avoir, par l'introduction de justes réformes dans les Codes Égyptiens, consolidé la Justice, et fait naître ainsi le règne de la prospérité et de la fortune publique.

Espérant que Votre Altesse daignera accueillir ces réflexions, comme l'expression sincère et loyale de mes sentiments profondément dévoués et respectueux, j'ai l'honneur d'être, Monseigneur,

de Votre Altesse,

le très-humble et très-obéissant serviteur,

P.-V. ZUCCHINETTI,

DOCTEUR EN DROIT

LE CAIRE, 25 JANVIER 1889.

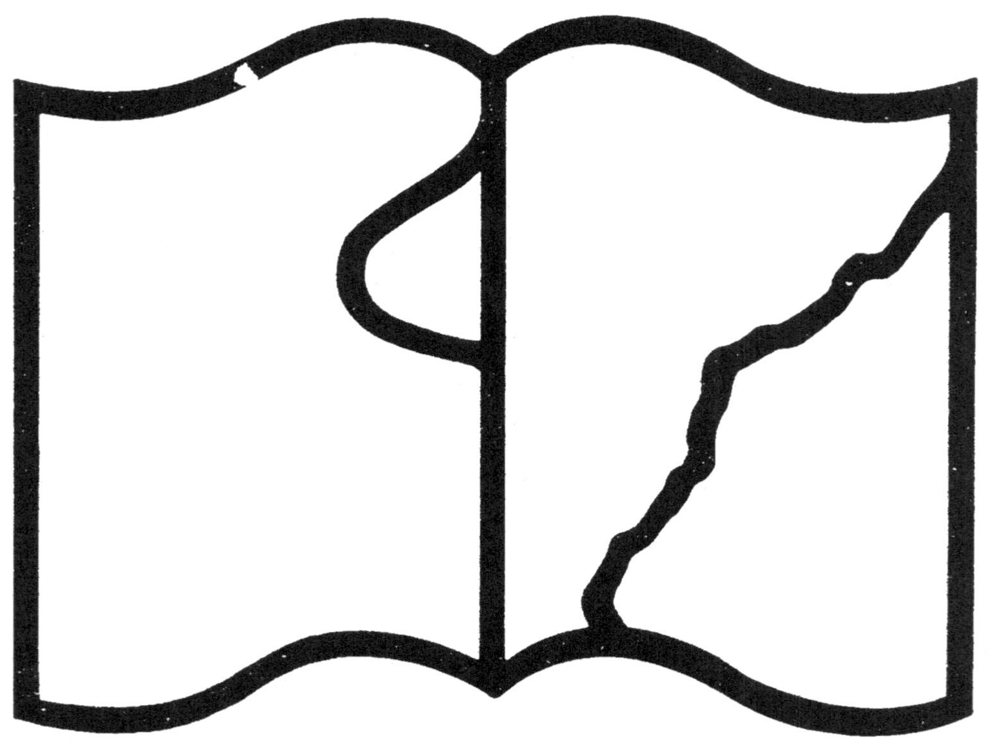

Texte détérioré — reliure défectueuse

NF Z 43-120-11